子ども家庭福祉専門職のための子育て支援入門

才村 純・芝野松次郎・新川泰弘・宮野安治
［編著］

ミネルヴァ書房

はしがき

　今日，子どもと子育て家庭は，少子高齢化や核家族化や子育て観の多様化等のさまざまな社会的変化の影響を受け，それを取り巻く環境も大きく変化している。たとえば，子育てをしている親が，自分の親や親族からのサポートが得られないだけでなく，近隣の子育て仲間との交流もなく，地域社会から孤立してしまっているケースが多く見受けられる。そのような場合には，抱え込んだ子育ての不安やストレスが引き金となって，子どもの健やかな育ちが脅かされる事態へと悪化していくこともある。それどころか，虐待やネグレクトなどによって，子どもの生命が危ぶまれる事件も発生しており，喫緊の対応が必要となっている。

　こうしたことから，保育所や保育士には，これまで以上の役割や機能が求められ，子ども家庭福祉専門職による子育て支援は，より重要なものとなってきている。このような状況の中で，2015（平成27）年4月からは，子ども・子育て支援新制度，すなわち子どもや家庭を取り巻く様々な環境の変化等に対応した新しい子どもの育ちの支援と子育て家庭への支援が始まり，2017（平成29）年3月31日には，保育所保育指針が約10年ぶりに改定された。また，保育士養成課程を見直すための検討がなされ，新たな保育士養成課程が2019（平成31）年度から適用されることになった。ちなみに，見直し後の新たな教科目として，「子育て支援（演習1単位）」「子ども家庭支援論（講義2単位）」「子ども家庭福祉（講義2単位）」が設けられている。

　本書は，子ども家庭福祉専門職による子育て支援についてこれから学ぼうとする人のために編まれたものである。子ども家庭福祉専門職として子育て支援を実践するには，実にさまざまな基礎的あるいは専門的な知識や技術が必要となるが，本書では，そうした内容を網羅して取り上げている。

　本書は，「Ⅰ　子育て支援の構造と社会の変化」「Ⅱ　子育て支援の実施体制と法・制度・事業」「Ⅲ　子育て支援に援用されるソーシャルワーク」「Ⅳ　子育て支援の実際と課題」の4編21章で構成されている。各章の終わりには，内容の確認・応用・深化のために，「演習問題」を設けている。また，これとは別に，子育て支援にかかわるいくつかの重要なテーマについて，コラム欄で解説するようにしている。

　本書により，子ども家庭福祉の制度・理論・実践に関する専門的知識・技術と実践力を学ばれ，子ども家庭福祉専門職としてより質の高い子育て支援を担っていただくことになれば，編者にとって望外の幸せである。

　最後に，本書の出版を快くお引き受けいただいたミネルヴァ書房に，とりわけいろいろとご助言ご援助をいただいた編集部長の浅井久仁人氏に，心よりお礼申し上げたいと思う。

編者一同

目　次

はしがき

Ⅰ　子育て支援の構造と社会の変化

第1章　子育て支援の構造………………………………………………………2
1．現代社会の保護者たちが抱える困難…2
2．子どもを育てるという営みの本質…4
3．子育て支援のターゲット…6

第2章　社会の変化と子育て家庭をめぐる問題…………………………11
1．変化の時代における子育て支援の必要性…11
2．子育て家族の現状と問題…13
3．子育て家庭にとっての三間の意義…16

第3章　子ども家庭福祉の理念…………………………………………20
1．子ども家庭福祉の理念…20
2．子どもの権利…21
3．日本の子育て支援対策…24

Ⅱ　子育て支援の実施体制と法・制度・事業

第4章　子育て支援の実施体制………………………………………30
1．児童家庭福祉行政の仕組み…30
2．児童相談所における相談援助活動…31
3．要保護児施策と児童福祉施設…34
4．ひとり親家庭支援…37
5．母子保健施策…39

第5章　児童福祉法六法等…………………………………………44
1．児童福祉法…44
2．児童福祉法六法…47

3．その他，福祉にかかわる法律…49

第6章　子育て支援制度・事業……52
　　1．子ども・子育て関連3法…52
　　2．子ども・子育て支援新制度…52
　　3．地域子ども・子育て支援事業…52

第7章　「保育所保育指針」「幼保連携型認定こども園教育・保育要領」「幼稚園教育要領」における子育て支援……59
　　1．「保育所保育指針」と子育て支援…59
　　2．保育所における子育て支援の留意事項…60
　　3．認定こども園や幼稚園における子育て支援…63

Ⅲ　子育て支援に援用されるソーシャルワーク

第8章　子育て支援におけるソーシャルワーク……68
　　1．保育所で行われている子育て支援…68
　　2．子育て支援とソーシャルワークの関係…69
　　3．ソーシャルワーク実践理論…71

第9章　ソーシャルワークの定義……77
　　1．ソーシャルワークの定義（2002）…77
　　2．ソーシャルワークのグローバル定義（2014）…78
　　3．グローバル定義の解説…79

第10章　ソーシャルワークの原則……83
　　1．対人援助活動とバイステックの7原則…83
　　2．バイステックの7原則の内容…83
　　3．援助者としての保育者…88

第11章　ソーシャルワークの倫理……90
　　1．保育者の子ども家庭支援を支えるソーシャルワークの価値と倫理…90
　　2．ソーシャルワーカーの倫理綱領／社会福祉士の倫理綱領に学ぶ…91
　　3．全国保育士会倫理綱領（2003年）に学ぶ…94

第12章　ソーシャルワークの過程……97

1．ソーシャルワークの過程とは…97
2．ソーシャルワークの展開過程…98
3．ソーシャルワークの展開過程の意義…102

第13章　ソーシャルワークにおける面接技法……104

1．面接に向かう心構え…104
2．面接での出会い（インテーク）…105
3．面接の具体的技法…107

第14章　保育相談支援の体系……111

1．保育相談支援の基本的知識…111
2．保育相談支援の展開…114
3．保育相談支援における専門性と倫理…116

Ⅳ　子育て支援の実際と課題

第15章　環境を通した子育て支援……120

1．親アイデンティティの確立と子育て支援…120
2．保護者への子育て支援…121
3．地域の在宅家庭における子育て支援——地域子育て支援拠点として…124

第16章　送迎時における子育て支援……127

1．送迎時における子育て支援の重要性…127
2．送迎時における子育て支援の基本姿勢…127
3．送迎時におけるかかわりのポイント…129

第17章　個人面談，懇談会における子育て支援……133

1．保育士が行う個人面談…133
2．個人面談と子育て支援…134
3．懇談会と子育て支援…137

第18章　連絡ノート，園だより，クラスだよりを通した子育て支援……140

1．連絡ノート…140

2．園だより…142
　　3．クラスだより…143

第19章　園庭開放，体験保育，行事，保育参観などによる子育て支援……………………146
　　1．園庭開放による子育て支援…146
　　2．体験保育による子育て支援…147
　　3．行事・保育参観による子育て支援…148

第20章　児童福祉施設における子育て支援……………………………………………………152
　　1．母子生活支援施設における子育て支援…152
　　2．乳児院における子育て支援——親子と共に過ごす場面を活かす…154
　　3．児童養護施設における子育て支援——親の複雑な感情と子どものケア…156

第21章　子育て支援の課題と展望………………………………………………………………158
　　1．子育て支援の課題——利用者支援の意義と課題…158
　　2．利用者支援事業の基本としてのケースマネジメント…160
　　3．展望——子ども家庭福祉専門職に必要なケースマネジメント力…162

　索　引

コラム

1　反省的実践家…10
2　子育て家庭へのワークライフバランス…19
3　子どもアドボカシーの実践…26
4　岡村理論と和辻倫理学…76
5　ケースマネジメント…82
6　子育て支援におけるコーチング…110
7　コンサルテーションとスーパービジョン…118
8　カナダの子育て支援…139
9　デンマークの子育て支援…145
10　オーストラリアの子育て支援…151

I
子育て支援の構造と社会の変化

第1章　子育て支援の構造

　本章では，子育て支援がなぜ必要なのか，それをどのような方向性のもとに行っていくのかについて，全体的な構図を示す。まず，第1節で，現代社会において保護者たちがどのような困難を抱えているのかを概観したうえで，第2節で子どもを育てるという営みの本質とは何であるかを考える。そして，第3節で子育て支援のターゲットとしてどのような対象が考えられるのかを示すことにする。

1．現代社会の保護者たちが抱える困難

(1) 子育てに伴う不安感と孤独感

　少子化・核家族化が進行した現代社会においては，多くの若者が結婚をする頃には親元を離れ，配偶者と二人で子育てをしていく。昔のように数世代から成る大家族や近所の人たちで協力して子育てを行うということは稀で，今の若者たちは子育てを自分の力でやっていかねばならないわけである。かつては大家族や近所の人たちの誰かが子育てをしていたり，実際に自分が年下の子どもの面倒を見たりといった場面も多かったのだろうが，今の保護者には乳児や小さな子どもにかかわったことが一度もない，世話の仕方を見たことすらないという人が大勢いる。たとえば，横浜市の調査では，「初めての子どもが生まれる前に，赤ちゃんのお世話をしたことがない人」が74％に上った（横浜市，2013）。経験がないままに，インターネットや育児書をたよりに，これで本当に合っているのだろうかと不安を感じながら子育てに向かうというのが，一般的になっている。特に，配偶者や地域社会からの援助が乏しい場合，その不安を受け止めてもらったり，気分転換をしたりすることもできないまま，孤独感に満ちた毎日を送っている，といった人も少なくない。

(2)「個としての意識」に傾いた風潮

　「早く家庭に入って，家事と子育てをまっとうしていく，それが女の幸せだ」，あるいは「早く所帯をもち，一家の大黒柱となって仕事を頑張る，それが男の生きがいだ」といった古い考え方に代わり，今では女性も男性も一人ひとりが自立した一個人であり，結婚をするかどうか，子どもを産むかどうか，また産むとすれば何人産むのかを選択し，自らの望むような人生を送っていくことが，個人の幸せにつながるという考え方が一般的と

なった。その結果，価値観が多様化し，実にさまざまな生き方が生まれてきている。結婚に囚われず，自由なシングルの生活を謳歌しようとする人。逆に，「婚活」をして少しでも良いパートナーを見つけようと躍起になる人。「できちゃった婚」の言葉があるように予定外の妊娠によってあわただしく結婚する人。対照的に，望んでもなかなか子どもができずに悩んでいる人。子どものいない生活を楽しむDINKs[1]の夫婦……。

このように，人によって結婚や子育てに対するスタンスはさまざまであるが，一つ共通しているのは，現代の多くの若者が自己決定による自己実現を至上価値と考え，結婚や子育てをそのための手段（あるいはそれへの障害）と考えているということであろう。しかし，本来，一個の生命が誕生し，自分とは別個の主体として育っていく過程には，自分の思い通りにはならない側面，自分の力ではどうにもならない側面というのがどうしてもつきまとう。自分の思い通りに行動し，生活していきたいという「個としての意識」と，一つの世代を生きる人間として，子どもという次の世代の他者に対する責任をいかにまっとうしていくかという「世代としての意識」（大倉，2011）とに折り合いを付けていくのは，自己実現（「個としての意識」）に傾いた現代社会の若者にとって，かなり難しいようである。

例えば，これまでキャリア・ウーマンとして男性と対等にわたり合い，高収入の仕事にやりがいを感じてきた女性が，結婚して母となったものの，子どもと二人だけの「退屈な」生活にストレスを溜め込んだり，自分の思い通りに子どもが育ってくれないことに苛立ったりといったケースがある。このような場合には，その母親が子どもを自分とは異なる一人の他者として認め，ときに妥協や自己犠牲もしながら，ふとした瞬間の子どもとの気持ちのつながりや，思い通りにいかないからこその驚きを楽しんでいけるよう，サポートしていくことが必要である。

（3）厳しい現実状況にある家庭の増加

上記の文化的・心理的要因に加えて，社会的に貧困や虐待などより厳しい現実状況に置かれている家庭も相当数ある。

「平成27年版子ども・若者白書」（内閣府，2015）によれば，子どもの**相対的貧困率**[2]は1990年代半ば頃からおおむね上昇傾向にあり，2012年には16.3％となっている。「平成28年国民生活基礎調査」（厚生労働省，2016）では，多少改善のきざしが見られたものの，ひとり親世帯を中心に，子どもの貧困率は依然として高い状態にある。

また，児童相談所の虐待相談対応件数は1997年に1万1,631件であったが，2015年には1万3,286件と約9倍近くになっており，今やどこの児童

---

1 DINKs：Double Income No Kids の略で，共働きで子どもを作らないことを選ぶ夫婦のこと。

2 子どもの相対的貧困率：一般的な収入額（正確には等価可処分所得の中央値）の50％以下の所得で暮らす18歳未満の者の割合。

相談所もパンク状態であるといわれる（慎，2017）。

全体として，貧困や虐待などの問題に対する社会的支援は，まだ十分に整備されているとはいえず，必要な支援を受けられていない家庭が多くあるというのが現実である。

2．子どもを育てるという営みの本質

（1）主体としての心のやじろべえを育む

上で見たような困難を抱える人々に対して，どのような支援が必要だろうか。それを考えるに先立って，子どもを育てるということ（人が育つということ）の本質は何であるかを，鯨岡（2016）にしたがい見ておく。

人間が，自分の思いを持って自分らしく，周囲の人と共に生きていくためには，二つの心の働きが重要である。一つは，「自分はこうしたい」という思いを持ち，それに意欲的に取り組もうとする心の働きである。その根底には「自分はありのままの自分でいいのだ」という自信・自己肯定感がある。これを「私は私」の心と呼ぶ。もう一つは，他者と気持ちがつながれることをうれしいと思い，他者の気持ちを思いやろうとする心の働きである。その根底には「他者は自分の気持ちをきっと分かってくれる」という信頼感・安心感がある。これを「私は私たち」の心と呼ぶ。この両面のバランスがとれるとき，人間は一人の主体として，生き生きと生活を送っていくことができる。そのような心のあり方をやじろべえで表現したものが，図1-1である。

「私は私」の心は，最初は乳児が泣いて表現する「お乳を飲みたい」「気持ち良くなりたい」という欲求の形，「～がほしい」「～したい」という形で現れる。同時に乳児は，その欲求を満たしてくれる養育者が傍にいてくれることをうれしいと思い，「他者と一緒がうれしい」という「私は私たち」の心も生じてくる。

生後1年頃になると，子どもは立てた，歩けたといったときに，できた自分を誇らしく感じるようになる（自分への誇らしさ）。そして，もっと「自分でやりたい」という気持ちを発展させていく。もちろん，それは養育者や保育者から「認められてうれしい」という気持ちと表裏一体のものである。

さらに，もう少し大きくなると，子どもはよりはっきりと自分の思いを押し出すようになり，ときに他者と衝突するような場面も出てくる（自分なりの思い，自己主張）。ただし，衝突するばかりではなく，他者と気持ちが「理解し合えてうれしい」という気持ちや「思いやり」の心，他者の

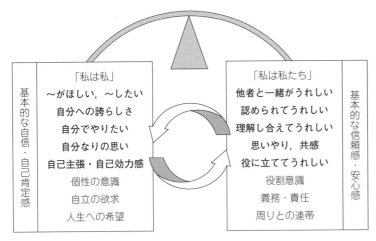

図1-1 主体としての心のやじろべえ

「役に立ててうれしい」という気持ちも膨らんでくる。

　やがて青年期になると，自分は一人の独立した人間として生きていきたいという「自立の欲求」や「人生への希望」が生じるとともに，そのために社会の中で「責任」を果たし，周りの人と「連帯」して生活していこうという感覚も生まれていく。

　このように「私は私」と「私は私たち」の心は，分かちがたく絡み合いながら，次第に豊かで複雑なものへと発展していく。その中で，この二つの心は，「自分はこうしたいけれど，あの人の気持ちを考えると……」というようにしばしば葛藤を引き起こすようになるが，そうした葛藤に対してうまく折り合いをつけ，やじろべえのバランスをとっていくのが，成熟した人間のあり方だといえる。そのような成熟した人間へと子どもを育てていくことが，子育ての一番の目標（本質）である。特に乳幼児期（保育期）には，このやじろべえの原型（図1-1の太字で記した心の諸側面）を育むことが，何よりも大切だといえる。

（2）主体としての心を育てるためのかかわり

　子どもの中に「私は私」と「私は私たち」の心の両面を育むためには，どのようなかかわりが必要になるのだろうか。結論からいえば，養護的かかわりと教育的かかわりを一体的に行うことが重要である。

　まず，養護的かかわりというのは，子どもの気持ちに寄り添い，「あなたはこうしたいんだね」と受け止めていくようなかかわりである。大人の側が，いついかなるときにも子どもの気持ちを理解し，それを大事にしようと心を砕いていくことで，子どもの側には「自分は大切にされている」という自信・自己肯定感や「もっとこうしたい」という「私は私」の心の

動き，また他者が「自分の気持ちを分かってくれる」という信頼感・安心感や他者と「もっと気持ちを通わせたい」という「私は私たち」の心の動きが芽生えてくる。そういう意味で，養護的かかわりは主体としての心を育むための第一原則だといえる。

ただし，いついかなるときにも子どもの気持ちを大事にするといっても，それは子どもの言うことなすことすべてを受け入れてしまうことではない。気に入らないことがあって友だちを叩いた，危険な場所に入ったといったように，子どもは大人の目から見て望ましくないことをすることもある。そうした場合には，大人の側の思い（それはしてほしくない，もっとこうしてほしい，こんなことに気づいてほしいといった）を丁寧に伝えていく必要がある。これが主体としての心を育むための第二原則，教育的かかわりである。教育的かかわりを欠いてしまうと，子どもは自分とは異なる他者の視点に出会うことができず，すべては自分の思い通りに回るはずだとでもいうような感覚をもつようになってしまうだろう。

主体としての心を育むためには，子どもに対する大人が「あなたはこんな気持ちなんだね。（でも）私はこう思うな」という養護と教育が一体となったかかわりを重ねていくことが必要である。言い換えれば，子どもの身になって，子どもと同じ世界を生きる間主観性[3]と，子どもの思いと大人の思いのどちらもが大切にされなければならないというスタンスに立ち，その折り合いを探っていく相互主体性[4]とが必要になるということである（鯨岡，2016）。

3．子育て支援のターゲット

（1）かかわる大人の側が主体として成熟することが必要

上で確認したように，子どもを一人の主体として育てていくことが，子育ての目標である。そのためには，養護と教育が一体となったかかわり，あるいは間主観性と相互主体性がしっかり機能している人間関係が必要である。子どもに対してこのようなかかわりをするためには，まずかかわる大人の側が主体として成熟することが必要である。

たとえば，大人の側が「自分はこれがしたい，あれもしたい」というように「私は私」ばかりになってしまえば，子どもの気持ちに寄り添ったり，子どもとの気持ちのつながりを喜んだりすることは十分にできないだろう。逆に，「私は私たち」に傾きすぎるあまり，子どもに嫌われるのではないかという恐れが先に立ってしまい，子どもが悪いことをしても叱れない，それを許容し正当化するだけであるといった態度では，子どもに教育的に

3　間主観性：人間の身体には，相手の身体から，相手が今どんな気持ちでいるのかを感じる力が備わっている。これを間主観性という。何となく悲しそうな友人を見て，「どうしたの？　元気ないね」と話しかける場合などは，この間主観性が働いている。

4　相互主体性：人は誰でも「私は私」と「私は私たち」両面の心を持っている。お互いがそのことを尊重するとき，両者の「私は私」を大切にしながら，そこに折り合いをつけ，「私は私たち」としてつながれようというような，対人関係のスタンスがうまれてくる。それを相互主体性という。

向き合うことはできないだろう。さらに、「私は私たち」が肥大化したもう一つの形として、「誰にも迷惑をかけないよう、自分一人で『良い子育て』をしていかなければならない」といった遠慮や完璧主義、あるいは「周りの家の子はこんな習い事もしている。うちもさせなきゃ」といった周囲への意識過剰や同調が強まりすぎてしまうような場合にも、やはり子どもとの間主観的・相互主体的な関係を結びにくくなってしまうだろう。

　つまり、まずは子どもにかかわる大人が「私は私」と「私は私たち」の折り合いをつけながら、生き生きと社会生活を送っている一人の主体であるということ、そして自分と相手双方を大切にする適度なバランス感覚を子どもに対しても発揮できるということが、子どもを一人の主体として育てていくという営みを可能にする条件なのである。端的に、子どもは一人の主体としての大人との関係を通してこそ、初めて一人の主体として成長していけるということになる。

　ところが、第1節で見たように、現代社会では保護者の側がまだ十分に主体として成熟していなかったり、一人の主体として生き生きと社会生活を送ることが難しくなっていたりするようなケースが多々ある。「私は私たち」として、周囲と連帯して子育てをしているという実感が持てずに、孤独感や不安感にさいなまれている人。子どものことよりも、「趣味を楽しみたい」「旅行に行きたい」といった「私は私」の心ばかりが先行している人。厳しい家庭環境の中で、子どもと向き合う心のゆとりを失っている人。

　こうした保護者が一人の主体として成熟していけるよう支援していくこと、また保護者が子どもとの関係を楽しみ、適度なバランス感覚でもって子どもに向き合えるよう援助していくこと、さらには保護者が少しでも子育てをしやすくなるような社会資源を整え、それとつながれるよう支援していったりすることなども、子育て支援の重要な側面なのである。

（2）子育て支援の4つのターゲット

　今述べたように、子育て支援にはいくつかの側面がある。山縣（2016）はこれを整理して、図1-2を提出している。

　第一に、子育て支援には何よりも「子ども」が一人の主体として「育つ」ための支援が含まれる（左の円）。

　これが十全に実現されるためには、第二として、子育ての主たる担い手である「親」が、一人の主体として「育つ」ことが必要である（右の円）。言い換えれば、保護者にとって親としての役割、家族の中での役割を引き受けながら、「私は私」と「私は私たち」にどのように折り合いをつけ、

1 子育て支援の構造と社会の変化

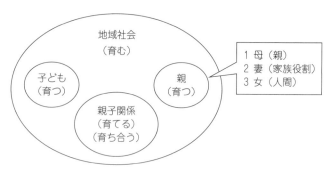

図1-2 地域子育て支援のターゲット
出典：山縣（2016）．

どのように生きていくかということが問題になるのであり、そのような一人の人間としての成熟を支えていくことも、重要な支援の一部となる。

第三に、子どもと保護者が共に生活できることを楽しみ、間主観的かつ相互主体的な関係を営んでいけるよう、「親子関係」を支援していくことも重要である（中央の円）。それは、「育てる」という営みを通して親子が共に「育ち合って」いけるような関係がつくられるよう、サポートする視点だといってもよい。

第四に、親子が暮らす地域社会が、子どもを育て、親を育て、親子関係を支えるようなものになっていくように、地域社会を育成する視点も不可欠である（上の3つを包む大きな円）。子どもの育ちには、第一次社会化の場としての家庭、第二次社会化の場としての地域、第三次社会化の場としての専門資源（保育所、幼稚園、認定こども園、学校等）のいずれもが大切な意味をもつが、そのような社会化の場をきちんと形成・育成していくことが必要なのである。

子育て支援のこれら4つのターゲットそれぞれについて、具体的にどのような支援がなされていくべきなのかは次章以降に譲るが、いずれの支援においても基本となるのは、先に述べた養護と教育が一体となったかかわりであろう。すなわち、支援対象者の気持ち・思いをしっかり理解したうえで（第一原則）、より望ましい方向へと丁寧に、柔らかく誘っていく（第二原則）ということが、どんな場面においても重要である。人が主体として育っていく（成熟していく）のを支えるかかわりの原則は、相手が子どもであっても大人であっても変わらないのである。

> **演習問題**
> 1．現代社会において，保護者が感じる困難として，どんなものがあるだろうか。いろいろな例を挙げてみよう。
> 2．子どもを育てる（あるいは，人間が育つ）ということの本質は，どういうことだろうか。そのために，どんなかかわりが必要になるだろうか。
> 3．子育て支援の四つのターゲットを挙げ，それぞれに対して具体的にどのような支援がありうるかを考えてみよう。

引用・参考文献

大倉得史（2011）『育てる者への発達心理学——関係発達論入門』ナカニシヤ出版.

鯨岡峻（2016）『関係の中で人は生きる——「接面」の人間学に向けて』ミネルヴァ書房.

厚生労働省（2016）『平成28年国民生活基礎調査の概況』厚生労働省ウェブサイト（2018.8.27.閲覧）
https://www.mhlw.go.jp/toukei/saikin/hw/k-tyosa/k-tyosa16/dl/03.pdf

慎泰俊（2017）『ルポ　児童相談所——一時保護所から考える子ども支援』筑摩書房.

内閣府（2015）『平成27年版　子ども・若者白書（全体版）』内閣府ウェブサイト（2018.8.27.閲覧）
http://www8.cao.go.jp/youth/whitepaper/h27honpen/b1_03_03.html

山縣文治（2016）『子ども家庭福祉論（第2版）』ミネルヴァ書房.

横浜市（2013）『横浜市子ども・子育て支援事業計画の策定に向けた利用ニーズ把握のための調査　結果報告書』横浜市ウェブサイト（2018.8.27.閲覧）.
http://www.city.yokohama.lg.jp/kodomo/shien-new/data/needs/needs-all.pdf

（大倉得史）

コラム1　反省的実践家

今日,「専門職」(profession)の分野において,"reflection"(「反省」あるいは「省察」)の重要性が叫ばれている。専門職にある「専門家」(professional)を"reflective practitioner"(「反省的実践家」あるいは「省察的実践家」)として性格づけようとする試みがなされている。

そもそも人間は,他の動物とは違って,自分の行動に没頭するだけでなく,その行動についてふり返り熟考することができるという意味で,「リフレクションの動物」といえるかもしれない。この「リフレクション」の意義については,これまで多くの哲学者や思想家も指摘しているところでもある。

たとえば,プラグマティズムの代表的な哲学者であるデューイ(1859-1952)の場合であるが,かの「問題解決学習」理論は,彼の"reflective thinking"(反省的思考)に基づいている。また,彼の思想のキーワードとなっている「経験」についても,経験もリフレクションを含んでおり,それが豊かであればあるほど,今ある経験が次の経験に連続的につながっていくので,そうした"reflective experience"(「反省的経験」あるいは「省察的経験」)こそが,真の経験であるとされているのである。

こうしたデューイ等の影響を受けて,専門職論に一石を投じたのが,ドナルド・ショーン(1931-1997)である。彼は,1983年に公刊した書『反省的実践家──いかに専門家は行為において思考するか』(The Reflective Practitioner: How Professionals Think in Action)において,新しい専門職像を打ち出したのである。すなわち,これまで「メジャーな専門職」と「マイナーな専門職」を区別してきたのは「技術的合理性」であったが,今日においては,そのような「技術的合理性」に基づいた,既存の理論を実践に応用するだけである「技術的熟達者」(technical expert)といったような専門家の在り方では,現実の諸々の問題を解決することはできず,むしろ,実践において省察するという「反省的実践家」という専門家のタイプが求められていると主張したのである。

ここで保育士に触れておくと,社会福祉士や教師等と同様に,これまでは「マイナーな専門職」と見られてきた。けれども,生きた人間を対象とする保育活動は,本来,「技術的合理性」に貫かれた知識や技術の一方向的な応用ではない。保育においては,理論と実践とは循環的に結合している。こうしたことから,ショーンの刺激のもとに,保育士を「反省的実践家」として把握することが現在試みられつつある。しかし,そのことは同時に,保育士の専門性,保育士養成,保育学研究等について改めて問い直すことをも意味しているのである。

参考文献
ドナルド・ショーン,佐藤学・秋田喜代美[訳](2001)『専門家の知恵──反省的実践家は行為しながら考える』ゆみる出版.
ドナルド・A・ショーン,柳沢昌一・三輪健二監訳(2007)『省察的実践とは何か──プロフェッショナルの行為と思考』鳳書房.
デューイ,松野安男訳(1975)『民主主義と教育(上)』岩波文庫.

(宮野安治)

第2章　社会の変化と子育て家庭をめぐる問題

　子どもを育てるという営みは，人類の誕生とともになされてきたが，それを担ってきたのが家族・家庭である。家族は，その時代によってその形態・構造は変化してきているものの，家族の本来的機能は，パーソンズ（パーソンズ／ベールズ 2000）がいうように，「子どもの社会化」と「成人の安定」であり，家族・家庭が子どもの人間形成に果たしてきた役割は大きい。そうしたなか，日本の子育てをめぐる状況はさまざまな課題に直面している。本章では子育て家庭を取り巻く環境の変化と子育て家庭をめぐる課題を取り上げ，子育て支援の必要性を考えていくこととしたい。

1．変化の時代における子育て支援の必要性

（1）変化する社会の中での子育て

　今，社会には，大きな変革が訪れようとしている。内閣府はこの変革する社会を「Society 5.0[1]（ソサエティー5.0）」として，サイバー空間（仮想空間）とフィジカル空間（現実空間）を高度に融合させたシステムにより，経済発展と社会的課題の解決を両立させ，人間中心の社会とすることとしている。このSociety 5.0が実現する社会は，人工知能（AI），ビッグデータ，Internet of Things（IoT），ロボティクス等の先端技術が高度化してあらゆる産業や社会生活に取り入れられ，これまでの閉塞感を打破し，希望の持てる社会，世代を超えて互いに尊重しあえる社会であって，そこでは仕事と子育ての両立などをはじめとして社会生活は飛躍的に便利で快適なものになっていくとされる。しかしその一方で，このような人類がこれまで経験したことのない急激な変化を前に，漠然とした不安の声も多いとされている。

　こうした変化は子育て家庭にとっても無関係ではない。人工知能が膨大なデータを蓄積・解析することによって，さまざまな子育て不安が軽減されるようになるかもしれない。しかし，これまでの価値観によってなされてきた子育てが次の時代に通用しなくなるのではないかといったことから，さらに子育てへの不安も大きくなるという懸念もある。

　このように社会が変化する中で，子育てを支援するということはこれまで以上に重要になってくる。

1　Society 5.0：2016年1月22日に閣議決定した「第5期科学技術基本計画において示された人類史上5番目の新しい社会を示したもの。
狩猟社会（Society 1.0），農耕社会（Society 2.0），工業社会（Society 3.0），情報社会（Society 4.0）といった人類がこれまで歩んできた社会に次ぐ第5の社会を意味する。

（2）人口減少・超高齢社会と子育て

　日本における子どもの出生数は，明治維新後，概ね増加傾向にあった。そして，第二次世界大戦後，子どもの出生数が大きく増加した，いわゆる第1次ベビーブーム[2]となった。このうち，1949年の出生数は過去最高269万6,638人，合計特殊出生率[3]は4.32であった。その後，出生数は急減し，1957年には合計特殊出生率は2.04，出生数が約157万人となった。そして，社会が近代化していくに伴って，多産多死から少産少死へと変化した。その後，1971年から1974年までの第2次ベビーブームを迎えたものの，1975年から今日に至るまで合計特殊出生率が2を下回り，出生数も一貫して減少している。こうしたなか，1989年の1.57ショックを受け，エンゼルプラン，新エンゼルプラン，次世代育成支援対策法の施行など，本格的な少子化対策が講じられるようになった。そのため，合計特殊出生率は2005年に過去最低の1.26だったものが，その後上昇に転じ，2016年には1.44となっている。しかし，出生数としては2016年に100万人を割る97万6,978人となっている。こうした少子化の要因として，晩婚化・非婚化が挙げられるが，長期にわたる少子化傾向により，親世代となる年齢層の人口そのものが減少しているため，合計特殊出生率が上昇したとしても，出生数は減少するという状況となっている。

　総務省の人口推計によると，2018年4月1日現在の日本の総人口（概算値）は1億2,653万人であるが，年少人口（0～14歳までの子ども人口）は1,553万人であり，1982年から37年連続の減少となり，過去最低となっている。また，年少人口が総人口に占める割合は12.3%である。この年少人口割合は1950年代までは35%程度（3人に1人は子ども）であったが，減少を続けている。逆に，高齢者人口（65歳以上の高齢者人口）の割合については，年々増加しており，1997年には高齢者人口割合が年少人口割合を上回り，2018年では28%となっている。

　そして，今後の見通しを見てみよう。

　国立社会保障・人口問題研究所が「日本の将来推計人口（平成29年推計）」として，将来の人口規模や年齢構成等の人口構造の推移を推計しており，その中位推計（出生率，死亡率とも中位として推計したもの）では，日本の総人口は，今後減少を続け，2053年には1億人を割って9,924万人となり，2065年には8,808万人になるとされている。このうち，年少人口は，2056年には1,000万人を割り，2065年には898万人となり，総人口に占める割合は，2065年には10.2%となると推計されている。一方，生産年齢人口は，2056年には5,000万人を割り，2065年には4,529万人となる。総人口に占める割合は，2065年には51.4%となる。そして，高齢者人口は，

---

[2] ベビーブーム：出生数が一時的に急増すること。戦争中，戦地に出征していた兵士が帰還したことや，戦争終結へ安堵感から，子どもの出生数が大きく増加したものでの1947～1949年が第1次ベビーブームであり，その世代は「団塊の世代」と呼ばれて。そして，この世代が親になり，出生児数を増やした1971～1974年までは第2次ベビーブームと言われ，その世代は「団塊ジュニア」と呼ばれている。なお，第1次ベビーブームは，日本だけではなく，アメリカやヨーロッパなどでも同様の現象が起こっていた。ただし，日本のベビーブームは3年と他国に比べて短かったのが特徴である。

[3] 合計特殊出生率：「15～49歳までの女性の年齢別出生率を合計したもの」で，一人の女性がその年齢別出生率で一生の間に生むとしたときの子どもの数に相当する。単純計算でこの値が2.0なら，夫婦2人から子どもが2人生まれるので（男性は子供を産まない），その世代の人口は維持されることになる。しかし，実際には，出産可能年齢よりも前に死亡する女性がうることなどがあるために，国立社会保障・人口問題研究所で算出した日本の人口維持のための合計特殊出生率は2.07とされている。

2042年に3,935万人でピークを迎え、その後減少し、2065年には3,381万人となる。総人口に占める割合は、2065年には38.4%となる。

> これが、本書が刊行される2019年から46年後として推計された日本の状況である。今、本書を読まれている読者の中には、高等学校を卒業して、保育士を目指して、日々学んでいる20歳代の方も多いだろう。そうしたみなさんにとって2065年はまさに高齢者となったばかりといったところであり、みなさんは自分自身のライフコースの歩みとともに今後予想される人口減少・超高齢社会が進行していくプロセスを目の当たりにしていくとなるであろう。

2．子育て家族の現状と問題

(1) 核家族と家庭の教育力の低下をめぐって

　1945年の敗戦を受け、日本国憲法が1946年11月3日に公布され、1947年5月3日に施行された。この憲法は、基本的人権の尊重が基本的理念の一つとされ、個人の尊厳と両性の本質的平等に立脚したものであった。そして、1947年12月22日、民法親族相続編が全部改正され、翌年1月1日から施行された。この改正により、戦前の直系家族制から、核家族を中心とした家庭理念、規範が唱えられるようになった。その後、高度経済成長期に入り、地域共同体から離れ都市で生活する者を中心として、核家族が日本の家族モデルとして広く浸透することとなった。

　戦後、三世代家族が減少し、核家族化が進んだとの認識が一般的である。確かに厚生労働省（2017）「国民生活基礎調査」では、18歳の児童のいる世帯のうち、核家族世帯が82.7%（このうちひとり親世帯が7.5%）、三世代家族が14.3%、その他の世帯が3.2%という状況である。しかし、核家族世帯についてみると、平成18年版少子化社会白書でも「実際には核家族世帯は1920（大正9）年の第1回国勢調査時点でも、全世帯の半数を超えており、（中略）実は戦前から『主流派』だった」とある。戦後、確かに核家族は戦前に比べて、その割合は増えている。

　子育て支援の必要性が語られるとき、都市化、核家族化及び地域における地縁的なつながりの希薄化等による家庭の教育力の低下がその要因とされることが多い。しかし、戦前でも半数を超えていた核家族という家族形態が今日の子育てをめぐる問題状況の要因なのだろうか。

　この「核家族悪者説」のように「今の子育て環境は問題だ、しかし昔の子育て環境は良かった」と短絡的にとらえることはできない。

　逆に三世代家族は無条件に良かったともいえない。三世代家族のメリッ

トとして，子育てについての知識や方法が祖父母の世代から親の世代へと受け継がれやすいといったメリットもある。しかし，他方で，祖父母世代の子どもへの過保護や祖父母世代と父母世代との葛藤が大きくなるといったデメリットもある。こうしたことから，核家族か三世代家族かという家族形態ではなく，子どもにとって，健やかに育つことができる環境かどうかということが問われるのである。

　さらに，「家庭の教育力の低下」ということ，そのものへの疑義も呈されている。広田（1999）は，戦前の家庭は，階層差や地域差は存在するが，農村でも都市でも多くの親たちは時間的・経済的余裕のなさから子どものことをなおざりにしがちで，しつけや家庭教育に必ずしも十分な注意を払っていたわけではなかったとしている。その反面，この頃は家庭で教育されるより周囲の人間によって教育される割合のほうが大きかったとしている。その上で，現代の子育て状況について，「『家庭の教育力が低下している』のではなく，『子供の教育に関する最終的な責任を家族という単位が一身に引き受けるようになってきたし，引き受けざるを得なくなってきた」としている。家族のみが子どもの養育の責任をもつということのしんどさ・息苦しさが今日の子育てをめぐる問題状況にあるのである。

（２）問題は「家族の社会的孤立」

　そもそも核家族は人類にとって普遍的なものであり，今日の子育ての問題状況の犯人ではない。家族形態は核家族であったとしても，近居の祖父母世代が親世代と良好な関係にあり，親世代の子育てを支え，近隣の血縁を同じくする親族が互いに支え合い，さらには地域共同体の中でさまざまな人との支え合いの中で，周囲からの支援のある環境の下で親自身が親役割を習得していくことができるのである。

　厚生労働省が2015年に行った「人口減少社会に関する意識調査」によると，０歳〜15歳の子どもが１人以上いる人のうち，子育てをしていて負担・不安に思うことがあるかを質問したところ，「とてもある」が28.8％，「どちらかといえばある」が43.6％と７割を超える人が子育てへの負担感・不安感を抱いているという結果となっている。

　それでは，子育ての不安感をどのように対処しているのだろうか。内閣府（2012）「少子化と夫婦の生活環境に関する意識調査」では，こうした子育てへの不安感を相談する相手として，子育ての相談相手については，配偶者や自分もしくは配偶者の親の割合がそれぞれ約８割と高いことが明らかになっている。その上で，男性では「子育てを通じて知り合った人」や「（親族以外の）友人・知人」の割合が１割程度にとどまるものが，女

性ではそれぞれ4割弱となっていること，さらに「インターネット」をあげた割合も若年層では高くなっていることが明らかになっている。

そして，『平成19年版国民生活白書』では，子育てへの不安感について，地域とのより親密なつきあいのある人の方が少ないということも明らかになっている。

このことからは，現在においても，配偶者・祖父母の支えを中心として，周囲からの支援のある環境は子育てを支援する上で一定の役割を担っていると言ってよい。しかし，近隣に血縁者が存在しない，あるいは存在してもその関係が悪く，支援の役割を担えない，さらに，地域から孤立した家族による孤立した子育てが大きな問題なのである。そして，それは都市部だけの問題ではなく，農村部においても同様である。その意味でも，問題は「核家族」ではなく「核家族の社会的孤立」（家族や地域社会との関係が希薄で，他者との接触がほとんどない状態）なのである。

（3）子育ての孤立感・負担感の解消に向けて

「ワンオペ育児」という言葉が『2017年ユーキャン新語・流行語大賞』にノミネートされた。これは，共働き世帯，専業主婦世帯といった母親の就労形態を問わず，母親の子育てへの孤立感・負担感が大きくなってきていることを象徴した言葉である。

近年では日本では，全世帯における夫婦が共働きの世帯の割合も増加する一方で，専業主婦世帯の割合は低下し，1997年以上，共働き世帯が半数以上を占め，2017年には共働き世帯が65％を占めるようになっている。（総務省（2017）「労働力調査」詳細集計）。そして，国民生活基礎調査2016によると末子が18歳未満の世帯で母が仕事ありと回答した共働き世帯は67.2％となっている。このうち，末子が3歳児未満の世態で母が仕事ありとした世帯は47.4％と専業主婦世帯が半数を占める結果となっている。しかし，この国民生活基礎調査では，育児休業期間中の人も仕事ありとしている。そのため，実態としては，3歳未満児の約8割（0歳児では9割）が家庭にいるとする調査結果が出ている（財団法人こども未来財団（2004）「子育て中の母親の外出時等に関するアンケート調査結果」）。そして，同調査では妊娠中又は3歳未満の子どもを育てている母親の周囲や世間の人々に対する意識として「社会から隔絶され，自分が孤立しているように感じる」とする設問に「非常にそう思う」が20％，「まあそう思う」が28.7％と合わせて半数近くの母親が孤立感を感じているという結果がでている。

次に子育ての負担感について，内閣府（2012）「少子化と夫婦の生活環境に関する意識調査」の結果を見てみよう。子育ての負担感については，

「子育てで出費がかさむ」「自分の自由な時間が持てない」「子育てによる身体的疲れが大きい」とした回答の割合がそれぞれ高い結果となっている。また，男女別では，女性の方が子育ての負担感を感じている状況がみられたとしている。実際，男性が子育てや家事に費やす時間をみると，2016年における日本の6歳未満の子どもをもつ夫の家事・育児関連時間は1日当たり83分となっており，2011年調査に比べて16分増えてはいるが，他の先進国と比較して突出して少ない最低の水準にとどまっている（総務省「平成28年社会生活基本調査」）。こうしたなか，共働き世態では，仕事と家事・育児の両立に伴う母親の疲弊感，専業主婦世帯については，「父は仕事，母は家庭」といった固定化した役割分担の中で，育児の困難さを一身に背負うことによる母親の負担感が問題点として指摘されている。こうしたことを背景に，「イクメン・プロジェクト」（2010年6月の改正育児・介護休業法の施行と合わせ，育児を積極的にする男性（「イクメン」）を広めるため開始したプロジェクト）に代表される父親の育児に関する意識改革，啓発普及や，ワーク・ライフ・バランス（仕事と生活の調和）のとれた働き方改革などが求められる。こうした父親の育児参加の促進は非常に大切なことである。しかし，父親・母親のみに子育ての責任を負わせることになってしまっては，ますます「核家族の社会的孤立」を助長してしまうだろう。

　前述の少子高齢化の急速な進展とあいまって，子どもの時代に自分のきょうだい，いとこなどの親族の子ども，さらに近所の子どもに接すること，そして，幼い子どもの世話をしている大人の姿を見て，その手伝いをするといったことで自然と身につけていた親準備性がますます形成しにくい社会となっている。自分が親になるまで乳幼児の世話をしたことがない，接したこともないということも珍しいことではなくなっており，子どもを産み育てるという準備がほとんどなされないままに親になり，子育てをするということが，育児に対する負担感，不安感を助長している。こうしたことから，親が子どもを育てるという営みを社会全体で支援していくことが大切である。

　そこで，必要なのは「すべての子育て家庭への支援と地域の子育て支援の充実」である。その上で，子育てをめぐっては，子どもの貧困，ひとり親家庭への支援，児童虐待といったさまざまな課題をもつ家族への個別的な関わりが不可欠である。

3．子育て家庭にとっての三間の意義

　今，子どもの生活には「三間」が喪失していると状態にあるといわれて

いる。子どもが遊ぶのには「空間」「時間」「仲間」の3つの間が必要だが，そのそれぞれが失われてきているということを語る際に用いられている。さらに，この三間という言葉は，子どものみならず，若者や子育て家庭にとっての居場所の意味を述べるときにも用いられている。その際は「仲間」ではなく「人間」とされることも多く，空間，時間，人間の3つの「間」とされ，人の成長や発達にとって大切な居場所の3つの要素といわれている。

　今日，子育てに関する相談や情報提供をする人や場，交流の場が重要とされ，地域における子育て支援施設などが多く設置されてきている。こうした子育て家庭の交流の場においても，単に時間と空間を置けば良いのではなく，そこに「人間」，すなわち子育てをしている仲間との交流，さらに支援する人と関わりが必要なのである。

　さらに，こうした居場所で大切なことが，ドロップイン（drop-in）というものである。このドロップイン（drop-in）とは「ふらりと気軽に立ち寄る」という意味で，欧米では子ども・若者のためのドロップインセンターや子育て中の家族のためのドロップインセンターが置かれている。この「ふらりと気軽に立ち寄る」ということは，言い換えると，「特に用事がなくても，行ってみよう」と思える場ということで，ここが相談機関とは大きく異なる点である。もちろん地域における子育て支援拠点はリスクの高い家族を専門機関につなぐという役割も担っている。しかし，それとともに，ドロップインセンターとしての子育て支援の拠点で大切なことは，さりげないまなざし，さりげない関係性，ゆるやかな枠組み（場の構造）である。たとえば，お母さんが子どもを結構大きな声でしかりつけているという場面で，即座に「どうしたの？」と親子間に介入していくのか，それともある程度親のかかわりが収まるまで見守ってから「さっきはどうされましたか？」と声をかけるのか，正解はない。しかし，ほんの一瞬の間を持つということは，その家族がもっている力を大切していこうという姿勢であり，この姿勢があってこそ，利用者からの信頼も得られるのではないだろうか。そして，このことはリスクの高い家族に対してもその家族が本来的にもっている力を引き出そうとする動きとなるものであり，支援者との相互信頼関係構築に寄与するものでもある。

I 子育て支援の構造と社会の変化

> **演習問題**
>
> 1. 現代社会の変化を一つ取り上げ,それが子育てにどのような影響をもたらしているのかを考えてみよう。
> 2. 人口減少・超高齢社会における子育てをどのように支援していけば良いかを考えてみよう。
> 3. 子育ての孤立化を防ぐためにはどのようなことが必要かを考えてみよう。
> 4. 子どもの貧困,ひとり親家庭への支援,児童虐待,その他子どもと家族をめぐる課題を一つ取り上げ,その現状を示した上で,課題解決の方策を考えてみよう。

引用・参考文献

T・パーソンズ／R・F・ベールズ,橋爪貞雄訳(2000)『家族——核家族と子どもの社会化』黎明書房.

広田照幸(1999)『日本人のしつけは衰退したか』講談社.

(山本智也)

コラム2　子育て家庭へのワークライフバランス

　子育てについて考えるとき，当然ながら，誰が子育てを担うのかが問題になる。子どもは自分で自分をケアすることができないため，ケア・サービスは，子ども以外の誰かが供給する必要があるからである。ケア・サービスの供給源としては，両親を含む家族，親族や地域共同体といったコミュニティー，ケア労働者（市場からの購入による），公的サービス（公的雇用による），非営利組織などが考えられる。日本の現状を考えたとき，このうち現実的な選択肢は，公的サービスの充実による育児の社会化と両親による分担であろう。

　厚生労働省が2018（平成30）年5月3日に公表した「平成29年度雇用均等基本調査（速報版）」によると，男性の育休取得率は，前年度比1.98ポイント増の5.14％と，5年連続で上昇し，過去最高となった。一方，女性の育休取得率は，前年度比1.4ポイント増の83.2％であり，依然として男女差は大きい。育児責任の母親への偏重は，女性の就労継続と子育ての両立を困難にしている要因の一つでもある。

　OECD参加24カ国の2000年のデータをみると，15～64歳の女性の労働力率と出生率は正の相関を示し，女性が働いている国ほど，出生率が高い傾向がみられる。先進国では，雇用の不安定化を背景として，女性が働き続けながら育児ができる環境を整備しなければ，結婚（カップルの形成・維持）や出産・子育てに向けて踏み出しにくい状況になっているのだと推察される。

　日本では，少子高齢社会の本格化にともなう労働力の減少，国際競争力の向上のためのダイバーシティの確保，などを背景に2016年4月に「女性活躍推進法」が試行され，女性の就労継続，キャリア・アップへの期待が高まっている。イクメンやイクボスに関する取り組みやキャンペーンによって，男性の育児参加への意欲も醸成されつつある。各種の実証的な研究からは，ジェンダー平等意識の高い男性ほど，家事や育児の実施頻度が高いことも確認されている。

　日本が直面している深刻な少子化を抑止するためにも，子育て世帯への経済的な支援や育児の社会化の拡充に加えて，長時間労働を是正し，夫婦で子育てを分担できるようなファミリー・フレンドリーな働き方を推進していく必要がある。子育て家庭へのワークライフバランスの充実は，男性の育児分担を後押しするだけでなく，子育て期の女性の就労継続を容易にし，結婚や出産に踏み出す際の経済的な要因によるハードルを引き下げる効果も期待できる。男性の育休取得を容易にし，出産直後から育児にかかわれるようにすることは，父親と子どもや夫婦間の絆を強めることにもつながるであろう。

参考文献
塚本利幸（2016）「配偶者と同居している男女の家事実施の規定要因に関する考察——女性就業率高位の福井県を事例として」『日本ジェンダー研究』19，日本ジェンダー学会，87-104.
冨士谷あつ子・塚本利幸（2007）『男女共同参画の実践　少子高齢社会への戦略』明石書店.
冨士谷あつ子・伊藤公雄編著（2009）『超少子高齢社会からの脱却——家族・社会・文化とジェンダー政策』明石書店.

（塚本利幸）

第3章　子ども家庭福祉の理念

　「理念」とは，物事がこうあるべきだ，という根本的な考え方を示すものである。今後，子どもの育ちに携わる中で，自らの実践をふり返る際，この「理念」が必要になってくる。

　本章では，子どもの権利思想を軸とした子ども家庭福祉の理念が構築される過程とその理念，また，これまで日本が行ってきた子育て支援政策の流れを学ぶ。

1．子ども家庭福祉の理念

　子ども家庭福祉は，社会福祉の一分野である。社会福祉には，2つの側面がある。一つは，ウェルフェアであり，もう一つは，ウェルビーイングである。前者は，何らかの問題が生じてから展開される福祉であり，保護や扶助としての役割をもつ。後者は，すべての人を対象にした，より広義の幸せを実現するためのものである。

　どちらの福祉も理念の実現のためには必要なものである。歴史的には，前者，つまり，保護や扶助を必要とする人に限定的な福祉を展開する，補完的・代替的サービスの提供にウェイトを置いてきた。しかし，日本では，2000（平成12）年の社会福祉基礎構造改革[1]以降，ウェルビーイングに重きを置き，予防や啓発活動，支援的サービス，協働的取り組みをより積極的に行うことで，人々のより良い暮らしの保障を行っている。

　子どもの福祉については，ウェルフェアとしての福祉も不可欠ではあるが，発達の可能性をもっとも豊かに備えた子どもが対象となるからこそ，子どもの自己実現やエンパワメントに視点をおいたウェルビーイングはより重要となる。

　また，これまでの子ども福祉あるいは，児童福祉が，子ども家庭福祉という新しい範疇で再構成されている。それは，経済活動や社会の中で家族員や家庭が置かれた状況が大きく変化し，家庭の養育機能にかかわる問題も生じているからである。子どもの幸せを実現しようとしたとき，子どもが育つ場としての家庭は，安心・安全な場所でなければならない。したがって，従来の子どもを対象とした福祉だけにとどまらず，親の労働環境や住環境，子育てのための環境，ネットワークなども視野に入れ，子どもと家庭を総体としてとらえるようになっている。

1　1997（平成9）年から中央社会福祉審議会で審議され始めたものであり、従来の社会福祉制度の見直しと新しい枠組みの再構築を図った。

2．子どもの権利

　1989年11月20日に国連総会で採択された「児童の権利に関する条約」（以下，子どもの権利条約）は，子どもの人権を総合的に保障したものである。今日，国際レベルで子どもの人権を守ろうとするさまざまな取り組みの基盤となっている。

（1）子どもの権利保障の歴史
　古代から中世にかけて，子どもは「大人の所有物」「小さな大人」といわれていた。子どもは単なる労働者として考えられ，物心がつくころには，大人と同じように働かせられ，必要な保護や教育が受けられていない状態であった。現在の，子どもの権利を守るという視点とは反対の見方といえる。

　18世紀の思想家 J. J. ルソー（1712～1778）は，著書『エミール』（1762年）の中で，子どもの独自性，子どもとしての完成の大切さを強調した。これにより，子ども観の転換期を迎えることになり，その後，J. H. ペスタロッチ（1746～1827）や F. W. A. フレーベル（1782～1852）などの近代教育思想家を通して，子どもとしての固有の価値の認識や人権擁護の重要性に対する考え方が発展していった。

　20世紀には，子どもの人権への配慮が，より具体的に進むことになる。きっかけは，E. ケイ（1849～1926）が『児童の世紀』（1900年）を出版し，20世紀は子どもの世紀にしようと求めたことにある。この背景には，産業革命の波が押し寄せ，大人の所有物として，多くの子どもが工場などで過酷な労働を強いられ，搾取されていた現実があった。E. ケイは，この著書の中で，母性と子どもを尊重し，子どもの家庭環境や教育のあり方について提案し，子どもの権利擁護の動きに大きな影響を与えた。その後，1909年に，アメリカで第一回白亜館会議（ホワイトハウス会議）が開催され，1922年には，ドイツワイマール憲法下での「児童法」の制定や，イギリスでは児童救済基金による「児童の権利に関する児童憲章」が提唱され，子どもの権利思想の基礎が築かれていった。

　しかし，1914年に第一次世界大戦が勃発し，ヨーロッパの国々の子どもを含む多くの市民の命が奪われた。このころ以降の子どもの権利の発展には戦争が大きく関与している。1924年に，国際連盟は，大戦によって子どもに与えた戦争の悲惨さを繰り返さないために，「児童の権利に関するジュネーヴ（ジェネバ）宣言」を採択し，子どもの保護と救済を謳った。

再度起こった第二次世界大戦後は、すべての国と国民が達成すべき人権保障のための基準を「人権に関する世界宣言」(世界人権宣言)(1948年)に示した。1959年には、世界人権宣言に加え、ジュネーヴ宣言の精神を引き継ぎ、かつ、発展させた形で、「児童権利宣言」が国連総会で採択された。2つの大戦を経て、子どもの権利保障に対する意識が高まってきたが、大戦後も世界各地で起こった戦争や紛争は、子どもの生命や生活を脅かし続け、先進諸国の子どもにおいても、核の脅威や児童虐待、さまざまな生活問題などにより、子どもの権利が大きく侵害されることとなった。

国連は、1979年に、児童権利宣言から20年を記念して、国際児童年を定め、また、子どもの権利擁護の実行性を高めるために、児童権利宣言の条約化をめざした。条約化に向けての動きや第二次世界大戦後の子どもの権利についての考え方に大きく影響を与えたのは、J.コルチャック(1878～1942)の生き様や思想とポーランドである。ポーランドによる草案の提出後、10年にわたる討議が重ねられ、1989年に国際的な強制力を伴う条約として、採択されたのである。日本は、子どもの権利条約を1994(平成6)年に批准した。

(2) 児童の権利に関する条約(子どもの権利条約)
① 子どもの権利条約の特徴

本条約は全54条からなっており、受動的権利と能動的権利に分けられる。「保護される」「保障される」といった権利の客体としての位置づけだけでなく、権利行使の主体としての権利を明文化したことが大きな特徴といえる。また、「児童の最善の利益」をキーワードに子どもの権利保障について書かれていることである。このキーワードは、文言は異なるが、ジュネーヴ宣言から続く、子どもの権利を保障するための基本的な原則である。

② 条約の内容

条約は、生きる権利、育つ権利、守られる権利、参加する権利の4つの柱に沿って作成されている。具体的には、子どもを放置、虐待、搾取から守ること、国が子どもの生存や発達を保障すること、子どもが教育を受ける権利や意見を表明する権利を保障すること、障害児や難民の子どもの人権を守ることなどの内容が含まれている(図3-1参照)。

(3) 日本における子どもの権利

1994(平成6)年に子どもの権利条約を批准してから、この理念を踏まえて、子どもの権利に関する条例が各自治体にて制定され、子どもの育つ

第3章 子ども家庭福祉の理念

子どもの権利条約		ジュネーブ宣言	児童権利宣言
児童の定義 [1]			
差別の禁止 [2]			原則1
児童に対する措置の原則 [3]		前文 原則3	前文五段 原則2・8
締約国の義務 [4]		原則1	原則2
父母等の責任, 権利義務の尊重 [5]			
生命権・生存・発達の確保 [6]			原則4
名前・国籍の取得権 [7]			原則3

	子どもの権利条約	ジュネーブ宣言	児童権利宣言
生存	健康・医療への権利 [24]	原則2	原則4
	医療施設に措置された 子どもの定期的審査 [25]		
	社会保障への権利 [26]		原則4
	生活水準への権利 [27]		原則4・6
発達	家庭的な環境への権利		
	親を知る権利 [7]		原則6
	アイデンティティ保全 [8]		
	親からの分離禁止 [9]		原則6
	家族再会出入国の自由 [10]		
	国外不法移送防止 [11]		
	親の第一義的養育責任 [18]		原則7
	代替的養護 [20]	原則2	原則6
	養子・縁組 [21]		
	教育への権利 [28] [29]		原則7・10
	休息・遊び・文化的芸術的生活 への参加権 [31]		原則4・7
保護	親による虐待・放任・搾取からの保護 [19]	原則4	原則9
	経済的搾取・有害労働からの保護 [32]	原則4	原則9
	麻薬・向精神薬からの保護 [33]	原則4	原則9
	性的搾取・虐待からの保護 [34]	原則4	原則9
	誘拐・売春・取引の防止 [35]	原則4	原則9
	ほかのあらゆる形態の搾取からの保護 [36]	原則4	原則9
	自由を奪われた子どもの適正な取扱い [37]	原則4	原則9
	少年司法に関する権利 [40]		
参加	自己決定・自立		
	意見表明権 [12]		
	プライバシー・通信・名誉の保護 [16]		
	市民的参加		
	表現・情報の自由 [13]		
	思想・良心・宗教の自由 [14]		
	結社・集会の自由 [15]		
	マスメディアへのアクセス [17]		
特に困難な状況下の子ども	難民の子どもの保護・援助 [22]		
	障害児の権利 [23]	原則2	原則5
	少数者・先住民の子どもの権利 [30]		
	武力紛争による子どもの保護 [38]		
	犠牲になった子どもの心身の回復・復帰 [39]		

図3-1 児童の権利に関する条約の内容

注:[ ]の中の数字は条文番号.
出典:喜多明人「子どもの権利条約」市川憲一・永井昭午監修, 子どもの人権刊行委員会編(1997)『子どもの人権大辞典』エムティ出版 資料喜多明人作成, 一部筆者加筆・改変.

地域で具体的に保障する取り組みが進んだ。また,子どもの権利条約でキーワードとなった「児童の最善の利益」の趣旨は,「全国保育士会倫理綱領」第1条に「子どもの最善の利益の尊重」が記載され,子どもとその家庭の福祉に携わる専門職の基本的な姿勢として示されている。

2016(平成28)年の改正児童福祉法では,子どもの権利条約の理念が明

記され，これまでの客体としての権利だけでなく，主体としての権利も保障されるようになった。

3．日本の子育て支援対策

（1）エンゼルプランと新エンゼルプラン

　日本の子育て支援をめぐる取り組みは，一貫して少子化対策として位置づけられている（図3-2参照）。きっかけは，1990（平成2）年の「1.57ショック」である。「ひのえうま」の1966（昭和41）年よりも合計特殊出生率が下がったことで，少子化の傾向が注目を集め，子どもを生み育てやすい環境づくりに向けての検討がなされるようになった。

　1994（平成6）年に「今後の子育て支援のための施策の基本的方向について」（「エンゼルプラン」），1999（平成11）年には「重点的に推進すべき少子化対策の具体的実施計画について」（「新エンゼルプラン」）が策定され，保育サービスの量的拡充や子育ての負担軽減などに向けての取り組みがなされた。

（2）次世代育成支援対策推進法と子ども・子育て応援プラン

　次世代を育成する家庭を社会全体で支える目的で，2003（平成15）年に「次世代育成支援対策推進法」が策定された。少子化対策ではなく，次世代育成というキーワードを使用することで，社会全体で取り組むべき課題であることを示した。この法律により，すべての自治体は，次世代育成に対する行動計画を策定し，実施することが義務づけられた。また，301人以上の雇用者がいる事業主に対しても同様に，事業主の行動計画が義務づけられたのである。2004（平成16）年には，「少子化社会対策大綱」の重点課題にそって，「子ども・子育て応援プラン」が策定された。

　この時期は，次世代育成支援対策推進法の制定に伴い，同年，児童福祉法も改正されている。「すべての子ども」「すべての子育て家庭」を視野に入れるという新しい視点がとられたこと，仕事と家庭の両立支援策の推進とともに，働き方の見直しが重要な課題となった。次世代育成に対して，企業を巻き込み，雇用者個人の働き方に配慮したワーク・ライフ・バランスへの転換を求めた。

　これによって，子ども福祉の考え方が，措置ではなく，すべての子どもが対象となり，同時に，子育て支援策は，その子どもを育てている家庭や社会，企業と，広く大きく総合的にとらえられるようになった。

第 3 章　子ども家庭福祉の理念

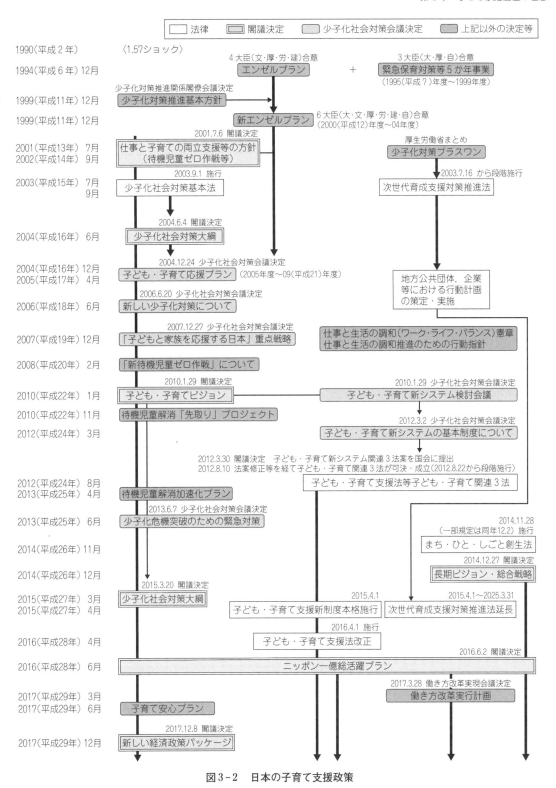

図 3-2　日本の子育て支援政策

資料：「平成30年少子化対策白書」内閣府資料．

(3) 子ども・子育てビジョン

　2010（平成20）年に「少子化社会対策基本法に基づく新たな大綱」（「子ども・子育てビジョン」）が策定された。ここでは、少子化対策から子ども・子育て支援へ施策の考え方が転換され、より、社会全体で子どもと子育てを支援するような働きかけが強まった。

　この閣議決定に合わせて、「子ども・子育て新システム検討会議」が発足し、新たな子育て支援の制度について検討がなされることとなった。その後の検討では、これまでの子育て支援や働き方改革の強化に加え、結婚－出産－妊娠支援からつながる切れ目のない総合的な取り組みをめざすとともに、社会保障経費の拡大や地方創生の取り組みなどとも連動した施策となっている。

　子育て家庭のニーズが多様化する現代社会において、子ども家庭福祉の理念を実現しようとすると、施策に基づいた国や行政だけのサービスでは十分ではない。今では、子育て支援の実施者は、専門機関や企業だけではなく、NPOや市民がともに協力して、多岐にわたる子育て支援サービスを生み出している。子育てや子育て支援の取り組みは、子育て家庭が生活する地域の課題と密接に関連しているため、自治体との協働で、その地域で暮らす人々による支援が今後さらに重要となるだろう。

演習問題

1．現代社会に育つ子どもにとって、何が最善の利益となるだろうか。子どもの最善の利益を考慮するという視点で、保育所や幼稚園などで行われる保育実践を考えてみよう。
2．現代で育つ子どもは幸せだろうか。いろいろな人の意見を聞いて、まとめてみよう。
3．自分が住んでいる自治体の「子ども・子育て支援事業計画」を調べて、子ども・子育て支援に対する理念をまとめてみよう。

引用・参考文献

網野武博（2002）『児童福祉学――「子ども主体」への学際的アプローチ』中央法規出版.

許斐有（2001）『子どもの権利と児童福祉法　社会的子育てシステムを考える』信山社出版.

子どもの権利条約ネットワーク（1994）『季刊　教育法　子どもの権利条約――学習の手引』臨時増刊号第97号, エイデル研究所.

内閣府（2018）『平成30年版　少子化社会対策白書』.　　　（関谷みのぶ）

コラム3　子どもアドボカシーの実践

　日本で子どもの権利条約が批准されてから（1994），長い間，法整備が求められてきたが，ようやく改正児童福祉法で「全て児童は，児童の権利に関する条約の精神にのっとり，適切に養育されること，その生活を保障されること，愛され，保護されること，その心身の健やかな成長及び発達並びにその自立が図られることその他の福祉を等しく保障される権利を有する（第1条）」と明記された（2016）。改正時の付帯決議では，子どもアドボカシー事務所の設置構想も求め，これらの動きは，わが国の児童福祉において大きな一歩である。ただし，法整備だけで子どもの権利保障が実現するのか。ここではカナダ・オンタリオ州の子どもアドボカシーの実践について，コミュニティ・ハブとアドボカシー事務所の活動を紹介する。

　まず，オンタリオ州アドボカシー事務所とは，児童福祉，触法，メンタルヘルス，スペシャルニーズ，発達支援などのサービスを受ける子どもやユースのパートナーとして，彼らの声を聴き，課題を可視化し，彼らと一緒に課題解決策を探る州議会直属の公的機関である。アドボカシー活動は，① Individual Advocacy，② Systemic Advocacy，③ Community development Advocacy の他，近年，インクエストなど調査権限が加わった。活動例を挙げると，虐待により社会的養護を経験した子どもたちが，大臣や官僚，福祉職員等に児童福祉制度の改善を求める公聴会を州議事堂で主催し，彼らが企画から当日の対応まですべてを行うことを全面的にサポートしている（2010）。

　一方，コミュニティ・ハブは本書コラム8で触れたように，こどもと家庭に支援を届ける拠点であるが，もう少し踏み込めば，アドボカシー事務所の支えを受けて地域の子どもの課題解決力を高めている。アドボカシー活動③ Community development Advocacy に当たる。トロントの代表的なハブ，ウォーターフロント・ネイバーフッドセンターでは，貧困家庭や居場所のない子どもを支える芸術プログラム，519センターという LGBTQ に焦点化したハブでは，性的マイノリティのユースに，差別・人権・守秘義務に関する教育やリーダーシップ育成プログラムを提供し，エンパワメントを図っている。子どもやユースはコミュニティ・ハブを活用して自分の権利を自覚し，課題解決する力をつけていくのである。このように地域で子どもの声を丁寧に聴き，速やかに子どもの課題に応え，適切なサービスが届けば，制度的には子どもアドボカシーの出番は少ない。しかし実際には，どうしてもコミュニティ・ハブで完結しない課題もあり，そのときこそアドボカシー事務所が最後の砦，社会的不利をもつ子どもの防波堤となり得る。コミュニティ・ハブとアドボカシー事務所の共同は，地域に子どもの権利が根付き，子どもが自信をもって生きる場所を地域につくる実践に他ならない。

　　　　　　　　　　　　　　　　（大谷由紀子）

Ⅱ

子育て支援の実施体制と法・制度・事業

第4章　子育て支援の実施体制

　子育て支援を含む児童家庭福祉に関する実践は，実践の枠組みとなる法制度，実践を担う組織，実践を具現化する人材の三者によって総合的・体系的に展開されている。本章では，児童福祉行政の仕組み，具体的には，国や地方公共団体の役割，活動を担う児童相談所や児童福祉施設の役割，子育て支援施策としての要保護児童施策やひとり親家庭支援施策，母子保健施策の概要について学ぶ。

1．児童家庭福祉行政の仕組み

　児童福祉法第2条第2項は，「児童の保護者は，児童を心身ともに健やかに育成することについて第一義的責任を負う」と規定しているが，同法第2条第3項は，「国及び地方公共団体は，児童の保護者とともに，児童を健やかに育成する責任を負う」と規定している。第3項の規定は保護者のわが子に対する健全育成責任と同様に，国及び地方公共団体についてもすべての児童の健全育成責任を有することを意味している。そして，この規定を根拠に国や地方公共団体によって，児童福祉のための種々の施策が推進されている。以下，国，地方公共団体の具体的な役割について述べる。

（1）国の役割

　国は，児童家庭福祉行政全般についての企画立案や調整，指導，助言，事業に要する費用の予算措置など，中枢的な機能を担っており，主として厚生労働省子ども家庭局が所管している。ただ，子ども・子育て支援のための基本的な政策や，子ども・子育て支援給付など子ども・子育て支援法に基づく事務は，内閣府子ども・子育て本部が所管している。また，認定こども園法に基づく事務は，内閣府，文部科学省，厚生労働省の共管となっている。

（2）都道府県の役割

　都道府県は，市町村を包括する広域の地方公共団体であり，広域にわたる事務，市町村間の連絡調整などの事務を行っているが，児童家庭福祉の領域では，児童福祉施設の認可及び指導監督，児童相談所や保健所の設置・運営のほか，市町村による相談援助活動等の業務に関する市町村間の連絡調整，市町村に対する技術的支援などの業務を行っている。

なお，指定都市は，都道府県とほぼ同様の権限をもって児童家庭福祉に関する事務を処理している。また，中核市（人口規模等一定の要件を満たす市）についても，児童福祉施設の設置認可など，一部の児童家庭福祉行政について都道府県と同様の事務を行っている。

（3）市町村の役割

市町村は，基礎的な自治体として，地域住民に密着した行政事務を行っている。児童家庭福祉の領域では，保育所の設置や保育の実施，母子保健や各種子育て支援のための事業（子育て短期支援事業[1]，乳児家庭全戸訪問事業[2]，地域子育て支援拠点事業[3]，一時預かり事業[4]など）を実施している。また，2004（平成16）年の児童福祉法改正により，市町村は児童家庭相談の一義的窓口として位置づけられるとともに，虐待等要保護児童の通告先として位置づけられた。さらに，2013（平成25）年に制定された「子ども・子育て関連3法」では，市町村が子ども・子育て支援新制度の実施主体として位置づけられ，2016（平成28）年の児童福祉法改正では，児童や妊産婦の福祉に関し，実情の把握，情報の提供，相談，調査，指導，関係機関との連絡調整などの支援を行う拠点（子ども家庭総合支援拠点）の整備に努めることとされた。

以上に述べたように，わが国の児童家庭福祉行政は国レベル，都道府県（指定都市）レベル，市町村レベルの3層構造で総合的に推進されている。

2．児童相談所における相談援助活動

児童相談所は，児童福祉法に規定されている児童福祉の第一線の専門機関であると同時に行政機関でもある。

（1）設　置

児童福祉法に基づき都道府県，政令指定都市に設置が義務づけられている。また，特別区や中核市などにも設置することが可能とされている。2018（平成30）年10月1日現在の設置数は212カ所となっている。

（2）業　務

児童相談所は，18歳未満の子どもの福祉に関するあらゆる相談に対応しているが，2004（平成16）年の児童福祉法改正により，市町村が相談の一義的な窓口として位置づけられ，児童相談所はより高度な専門的な知識・技術が必要な相談に対応することとされた。

1　子育て短期支援事業：保護者が，疾病・疲労などの理由により子どもの養育が困難となった場合に児童養護施設などで短期間（原則1週間以内）保護する「短期入所生活援助（ショートステイ）事業」と，保護者が，仕事などの理由により夜間や休日の養育が困難となった場合に，児童養護施設などで子どもを預かる「《夜間養護等（トワイライトステイ）事業》」から成る。

2　乳児家庭全戸訪問事業：生後4ヶ月までの乳児のいるすべての家庭に保健師などが訪問し，必要な情報提供や助言などを行う事業。

3　地域子育て支援拠点事業：保育所，児童館等の地域の身近な場所で，乳幼児のいる子育て中の親子の交流や育児相談，情報提供等を実施する事業。

4　一時預かり事業：保護者が冠婚葬祭や通院，リフレッシュなど必要なときに子どもを一時的に預かる事業。

主な業務としては，① 専門的な知識・技術を必要とする相談への対応，② 調査及び判定，③ 指導，④ 児童の一時保護，⑤ 里親委託及び里親支援，⑥ 施設入所等の措置，⑦ 市町村相互間の調整，市町村への情報提供等，⑧ 市町村への助言など多様である。具体的な業務内容は（4）で述べる。

（3）職　員

児童福祉法等の規定により，児童相談所には下記の専門職を配置することとされている。

① 児童福祉司[5]，② 児童心理司[6]，③ 相談員，④ 医師または保健師，⑤ 弁護士，⑥ 心理療法担当職員，⑦ 指導・教育を行う児童福祉司（児童福祉司スーパーバイザー），⑧ 指導・教育を行う児童心理司（児童心理司スーパーバイザー）など。

なお，児童相談所長及び児童福祉司は厚生労働大臣が定める基準の適合する研修を受ける義務があり，また，指導・教育を行う児童福祉司（スーパーバイザー）は概ね5年以上勤務した者とし，その数は政令で定める基準（児童福祉司6人に1人）を参酌して都道府県が定めることとされている。

（4）相談援助活動の概要

図4－1は，児童相談所における援助活動の体系を概念的に示したものである。

① 相談の受理

児童相談所は，児童の福祉に関するさまざまな問題について，家庭その他から相談を受け付けるほか，地域住民や関係機関からの通告，市町村や家庭裁判所等からの送致を受け，援助活動を展開する。児童相談所では，受け付けた相談について受理会議において主たる担当者や当面の対応のあり方などについて協議する。

② 調査，診断，判定

調査は，子どもや家庭の状況などを知り，それによってどのような援助が必要であるかを判断するために行われる。虐待事例では調査について保護者の協力が得られない場合，児童の居所などへの**立入調査**[7]や**臨検・捜索**[8]を行うことができる。調査結果を踏まえ，児童福祉司は社会診断を，児童心理司は心理診断を，医師は医学診断を，一時保護部門の職員は行動診断を立て，これらの診断を元に総合診断を立てる。この総合診断を「判

5　児童福祉司：児童相談所において相談，指導などを行うソーシャルワーカー。

6　児童心理司：児童相談所において児童の心理検査や心理療法などを行う専門職。

7　立入調査：保護者が児童相談所の安全確認等の調査に応じない場合，児童の居所等に立ち入って行われる調査。保護者はこれを拒んだり虚偽の答弁を行ってはならないとされている。

8　臨検・捜索：児童相談所の出頭要求や立入調査に応じない場合，強制的な解錠やドアの破壊などの直接強制力を行使して児童の居所等に立ち入って行われる調査。

第4章 子育て支援の実施体制

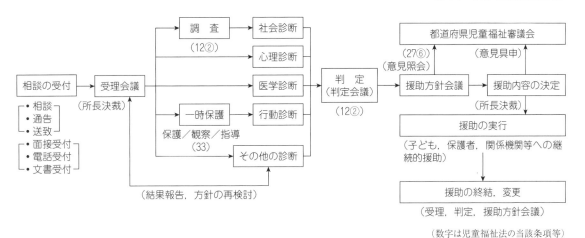

図4-1　児童相談所における相談援助活動の体系・展開
出典：厚生労働省「児童相談所運営指針」．

表4-1　児童相談所における援助の形態

援　助	
1　在宅指導等 　(1)　措置によらない指導（12②） 　　ア　助言指導 　　イ　継続指導 　　ウ　他機関あっせん 　(2)　措置による指導 　　ア　児童福祉司指導（26①Ⅱ，27①Ⅱ） 　　イ　児童委員指導（26①Ⅱ，27①Ⅱ） 　　ウ　市町村指導（26①Ⅱ，27①Ⅲ） 　　エ　児童家庭支援センター指導（26①Ⅱ，27①Ⅱ） 　　オ　知的障害者福祉司，社会福祉主事指導（27①Ⅱ） 　　カ　障害児相談支援事業を行う者の指導（26①Ⅱ，27①Ⅱ） 　　キ　指導の委託（26①Ⅱ，27①Ⅱ） 　(3)　訓戒，誓約措置（27①Ⅰ）	2　児童福祉施設入所措置（27①Ⅲ） 　　指定発達支援医療機関委託（27②） 3　里親，小規模住居型児童養育事業委託措置（27①Ⅲ） 4　児童自立生活援助の実施（33の6①） 5　市町村への事案送致（26①Ⅲ） 　　福祉事務所送致，通知（26①Ⅱ，63の4，63の5） 　　都道府県知事，市町村報告，通知（26①Ⅴ，Ⅵ，Ⅶ，Ⅷ） 6　家庭裁判所送致（27①Ⅳ，27の3） 7　家庭裁判所への家事審判の申立て 　　ア　施設入所の承認（28①②） 　　イ　親権喪失，親権停止等の審判の請求又は取消しの請求（33の7） 　　ウ　未成年後見人選任の請求（33の8） 　　エ　未成年後見人解任の請求（33の9）

（数字は児童福祉法の該当条項等）

出典：厚生労働省「児童相談所運営指針」．

定」と呼ぶ。

③　援　助

　判定結果を踏まえ，援助方針会議において正式に援助方針を決定する。援助内容は，表4-1のとおり多様である。

④　一時保護

　児童相談所は，必要に応じて児童を児童相談所付設の一時保護所に入所させるか，児童福祉施設や医療機関などに一時保護委託を行うことができ

る。一時保護は児童や保護者の同意を得て行うことが原則であるが，安全確保等が必要な場合はこれらの同意がなくても可能とされている。一時保護期間は2か月を超えることはできず，2か月を超える場合は家庭裁判所による承認が必要とされている。

⑤ 里親への支援

里親についての普及啓発・相談・情報提供・研修，および里親の選定，里親と児童間の調整，養親や養親となる者等への相談・情報提供・助言等の援助を行う。

（5）児童相談所をめぐる動向と課題

児童相談所における虐待相談は，児童虐待防止法が施行された2000（平成12）年には1万7,725件であったが，2014（平成26）年には8万8,931件と14年での以来18年で約5倍に増加しているが，これに対応する児童福祉司の数は2000（平成12）年は1,313人，2014（平成26）年は2,829人と2.2倍程度にしか増えておらず，年々業務負担が増している。政府は2016（平成28）年から2019年度を計画期間とする「児童相談所強化プラン」に沿って児童福祉司の増員に努めているが，さらに2018（平成30）年7月には2022年までに児童福祉司を2,000人増加させると公表した。それでも先進国と比較して児童福祉司1人当たりの担当ケース数は格段に多くなる（才村, 2003）[9]。

さらに，一般行政職が児童福祉司に任用されるケースも少なくなく，通常2～3年での転出入を繰り返すため，組織内において専門性が蓄積されない構造となっている。家族再統合支援や里親支援などの支援部門は民間機関が対応するなど，子ども家庭相談体系のグランドデザインを描出するとともに，その中で児童相談所のあり方を明確にし，業務量や業務内容に見合った職員配置と専門性の強化を図る必要がある。

3．要保護児童施策と児童福祉施設

（1）要保護児童施策とは

児童福祉法第6条の3第8号は，要保護児童について「保護者のない児童又は保護者に監護させることが不適当であると認められる児童」と規定している。保護者のない児童とは，たとえば保護者が死亡，失踪したりした児童であり，保護者に監護させることが不適当であると認められる児童とは，保護者に虐待されている児童，保護者が長期にわたる疾病などで必

---

[9] 才村らは，ソーシャルワーカー1人当たりの担当ケース数の国際比較を行い，たとえば，カナダ（オンタリオ州）10～18件，アメリカ（ニューヨーク市）12件，イギリス（ロンドン市）20件であるのに対し，日本（大阪府）は225件であることを明らかにしている。

要な監護を受けることができない児童などである。さらに、不良行為のある児童や不良行為をするおそれのある児童、家庭環境などの理由から生活指導等を必要とする児童なども要保護児童に含まれる。

これらの子どもたちのための施策が「要保護児童施策」であるが、「1.児童家庭福祉行政の仕組み」で述べたように、児童福祉法第2条第3項はすべての子どもの健全育成責任を国や地方公共団体に課しており、この規定を根拠として要保護児童施策が展開されている。具体的には児童相談所による施設入所措置や里親委託、児童福祉司等による指導をはじめ、市町村による支援などがある。このように要保護児童施策は幅広いが、特に家庭での養育が困難であったり不適切な子どもについては、児童養護施設や乳児院などの児童福祉施設や里親などが保護者に代わって子どもの養育を担っている。これら保護者に代わって行われる子どもの養育形態は「社会的養護」といわれる。

（2）家庭的養育の原則

わが国では長年、社会的養護を必要とする子どもたちの約9割が施設養護の元に置かれてきたが、2016（平成28）年の児童福祉法改正では、まず子どもが社会的養護の元に置かれなくて済むように行政が保護者を支援し、これが困難であったり重度の虐待が行われているなど保護者に監護させることが困難であるか不適当な場合などは、まず家庭と同様の環境つまり里親やファミリーホーム[10]などで子どもを養育することとしている。さらに、これが不適当な場合は、その形態や機能が家庭に近いグループホーム[11]や施設での小規模グループケア[12]など家庭的な環境で養育することとされた（図4-2参照）。

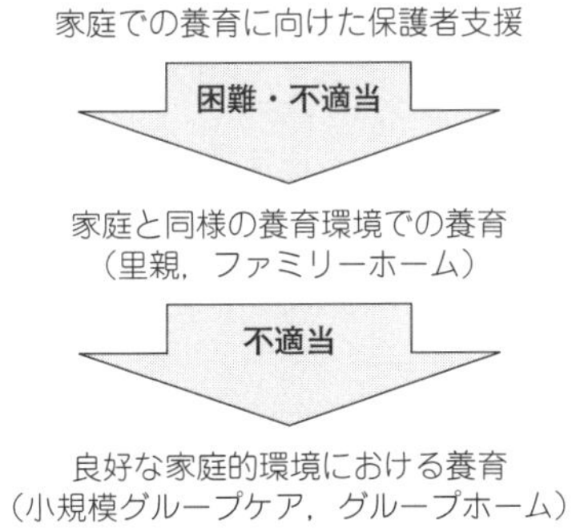

その背景には、①「児童は原則、家庭環境が与えられること」、②「施設養護は段階的に廃止、脱施設化を進めていくこと」、③「施設への入所は、必要に応じたごく限られたケースのみとすること」と定めている国連の「児童の代替的養護に関する指針」（2009年策定）をはじめ、わが国は従前より国連の子どもの権利委員会[13]から社会的養護における施設偏重の是正を勧告されてきた事実などがある。

図4-2 児童福祉法における家庭的養育の原則

家庭での養育に向けた保護者支援
↓ 困難・不適当
家庭と同様の養育環境での養育
（里親、ファミリーホーム）
↓ 不適当
良好な家庭的環境における養育
（小規模グループケア、グループホーム）

出典：筆者作成．

10 ファミリーホーム（小規模住居型児童養育事業）：養育者の家庭に子どもを迎え入れて養育を行う家庭養護の一形態。ホームでは子ども同士の相互作用を活かしながら、児童の自立を支援する。5～6人の子どもを受け入れる。

11 グループホーム（地域小規模児童養護施設）：本体施設の支援のもと、地域の民間住宅等を活用して家庭的な環境の中で子どもたちを養育し、その社会的自立を促進する施設。

12 小規模グループケア：家庭的な環境の中で職員との個別的な関係を重視したきめ細やかなケアを提供するため、施設において小規模なグループ（例えば児童養護施設では6人以上8人以下）でケアを行う形態。居間や食堂、台所、浴室、便所などはグループ内で共有する。

13 子どもの権利委員会：「児童の権利に関する条約」に基づいて設置されており、締約国の条約の義務に対する進捗状況を審査し、政府に対し勧告を行う。

(3) 児童福祉施設

社会的養護を担う児童福祉施設（社会的養護施設）には，児童養護施設，乳児院，児童心理治療施設，児童自立支援施設などがあり，児童相談所が入所措置をとる。障害児入所施設は基本的には契約による入所となるが，被虐待児などについては児童相談所が入所措置をとる場合もある。以下，主な社会的養護施設の概要について述べる。

① 児童養護施設

環境上要護を必要とする児童を入所させて養護し，あわせて退所した人たちの相談や自立のための援助を行う施設である。乳児を除くが，特に必要のある場合は乳児の入所も可能である。

② 乳児院

乳児を入所させて養育し，あわせて退所した人に対し相談その他の援助を行う施設である。安定した生活環境の確保などの理由により特に必要のある場合には幼児の入所も可能である。

③ 児童心理治療施設

軽度の情緒障害のある児童を短期間（おおむね3か月）入所させるか保護者のもとから通わせて心理，医学，生活面での援助を行い，あわせて退所した人たちの相談や自立のための援助を行う施設である。

④ 児童自立支援施設

不良行為のある児童や不良行為をするおそれのある児童，環境上の理由から生活指導などが必要な児童を入所させるか保護者のもとから通わせて必要な指導と自立支援を行い，あわせて退所した人に対し相談その他の援助を行う施設である。

なお，児童福祉施設の設備や運営の基準は，「児童福祉施設の設備及び運営に関する基準」（厚生労働省令）に従い，都道府県が条例で定めることとされている。

(4) 里 親

里親とは，① 要保護児童の養育を希望する者のうち，養育里親名簿に登録されたもの（養育里親），② 要保護児童の養育を希望する者及び養子縁組によって養親となることを希望する者のうち，養子縁組里親名簿に登録された者（養子縁組里親），③ 要保護児童の父母以外の三親等内の親族

であって，当該要保護児童の養育を希望する者のうち，都道府県知事が児童を委託する者として適当と認めるもの（親族里親）をいう。なお，養育里親のうち，被虐待児や非行のある子ども，障害のある子どもなど，特に濃密な家庭的援助を必要とする子どもを養育する里親を「専門里親」という。

里親は，家庭での養育に欠ける子どもに温かい愛情と正しい理解をもった家庭を与えることにより，その健全な育成を図るための制度である。里親による養育のあり方については，「里親が行う養育に関する最低基準」（厚生労働省令）を遵守することとされている。

（5）要保護児童施策の動向と課題

上述したように，2016（平成28）年の児童福祉法改正により，家庭的養育の原則が明確化され，家庭での養育が困難・不適切な場合は可能な限り里親など家庭に近い環境での養育を行うこととされた。また，2017（平成29）年には厚生労働省の検討会から「新しい社会的養育ビジョン」が公表され，施設養育から里親養育へのシフトの必要性が一層強調されている。わが国は長年大舎制の施設養育に偏重してきたが，今後は里親養育を必要としている子どもたちに門戸が開放されたことはむろん歓迎すべきことである。しかし，里親家庭での養育が困難な重篤な情緒的課題や行動面での課題を抱える子どもが少なくないことも事実である。これらの子どもたちには，施設での特に高度な専門的対応が必要であり，そのための体制強化が必要である。里親の必要性が強調されるあまり，施設での養育体制の確保がおろそかになることは避けなければならない。さらに，里親養育の成否はひとえに里親への支援にかかっている。しかし，里親への支援を主として担う児童相談所は虐待対応に追われ，里親支援を十分に行う余裕はない。バックアップ体制なき里親委託は悲劇を生むことを忘れてはならない。

4．ひとり親家庭支援

（1）ひとり親家庭の状況と課題

厚生労働省の「全国母子世帯等調査」によれば，ひとり親世帯になった理由は，母子世帯，父子世帯とも死別の割合が大幅に減り，生別とりわけ離婚の増加が著しくなっている。そして，2016年の調査によれば，ひとり親世帯になった時の末子の年齢は，母子家庭では4.3歳，父子家庭では6.1歳と低く，子育ての負担が大きいことを伺わせる。母子家庭の母親の8割以上が就労しているが，常用雇用者は4割程度にとどまっている。このた

め，母子家庭における就労収入は年額200万円であり，子どものいる一般世帯の収入707万円と比較して大きな格差がある。一方，父子家庭の父では常用雇用者の割合は約7割となっているが，平均年収は398万円であり，児童のいる一般世帯の平均年収と比べると少なくなっている。

ひとり親家庭における親の悩みで最も多いのは，母子家庭，父子家庭とも子どもの「教育・進学」で，それぞれ58.7%，51.8%となっており，次いで「しつけ」で，それぞれ13.1%，16.5%となっている。ひとり親本人が困っていることで最も多いのは，母子家庭，父子家庭とも「家計」で，それぞれ50.4%，36.5%と，多くのひとり親が経済的な問題で困っている。

このようにひとり親は，生計の維持と子どもの養育といった責任を一人で果たさなければならず，社会的，経済的，精神的に不安定な状況に置かれやすい。

このため，ひとり親家庭における子どもの健全な育成を図るため，「母子及び父子並びに寡婦[14]福祉法」を中心にさまざまな支援策が講じられている。従前，ひとり親家庭への支援は母子家庭が中心であったが，父子家庭においても，社会的，経済的，精神的に不安定な状況に置かれる場合が少なくないことから，2014（平成26）年には，「母子及び寡婦福祉法」の名称が現行名称に改められるとともに，父子家庭に対する支援策の拡充が図られるなど，父子家庭を視野に入れた施策も進められている。

（2）ひとり親家庭への支援サービス
① 子育て・生活支援
母子・父子自立支援員[15]による相談支援をはじめ，ヘルパー派遣，保育所等の優先入所，学習支援ボランティア派遣等による子どもへの支援，母子生活支援施設の機能強化などが図られている。

なお，母子生活支援施設は，ドメスティック・バイオレンス（DV）や経済的な事情などさまざまな問題から子どもの養育が不十分で保護や自立支援が必要な母子が入所して，必要な支援を受けることで自立に備える児童福祉施設である。

② 就業支援
母子・父子自立支援プログラム[16]の策定やハローワーク等との連携による就業支援の推進，母子家庭等就業・自立支援センター事業の推進，能力開発等のための給付金の支給などが実施されている。

---

14 寡婦（かふ）：母子家庭は，母親とその母親が扶養する未成年の子からなる世帯であるが，その扶養する子どもが成人に達するとその家庭は母子家庭ではなくなり，それまで子どもを扶養していた母親を寡婦という。

15 母子・父子自立支援員：「母子及び父子並びに寡婦福祉法」に基づいて各自治体の福祉事務所に配属されている。ひとり親家庭に関する生活全般，福祉資金の貸付，給付金などに関する相談に対応する。

16 母子・父子自立支援プログラム：個々のひとり親家庭の実情に応じた自立支援プログラムを策定し，ハローワークや母子家庭等就業・自立支援センターと緊密に連携しつつ，きめ細かな支援等を行っている。

③ 養育費確保支援

養育費相談支援センター事業の推進をはじめ，母子家庭等就業・自立支援センター等における養育費相談の推進，「養育費の手引き」やリーフレットの配布などが行われている。

④ 経済的支援

児童扶養手当[17]の支給，母子父子寡婦福祉資金[18]の貸付制度などがある。

(3) ひとり親家庭支援の動向と課題

① ひとり親家庭施策の枠を超えた総合的な社会的支援の充実

ひとり親は，家計の維持と子育てという責任を一人で果たしていかなければならない。しかし，子育てに伴う時間的制約により，安定した常用雇用に結びつきにくく，その所得は一般世帯に比して著しく低くなっている。親子それぞれの精神的な安定と豊かな関係を実現するとともに，貧困の連鎖を防ぐためにも，ひとり親施策という枠を超え，社会的包摂（ソーシャル・インクルージョン），男女共同参画，ワーク・ライフ・バランスという観点からの総合的な社会的支援の充実が必要である。

② DV対策の強化

子どもへの虐待と同様，ドメスティック・バイオレンス（DV）の問題も深刻化しつつあり，母子生活支援施設や婦人保護施設，民間シェルターなどへの入所も急増している。2001（平成13）年には「配偶者からの暴力の防止及び被害者の保護等に関する法律」が制定され，その後改正が行われるなどDV対策の充実が図られつつあるが，被害を受けた女性や子どもの心のケアや加害者への心理的アプローチについては未だ緒についたばかりである。積極的な実践と，そこから得られた知見を関係者間で共有するなど，援助手法の確立が急がれる。

5．母子保健施策

(1) 母子保健施策とは

「母子保健は生涯を通じた健康の出発点であり，次世代を健やかに育てるための基礎となるもの」である（「健やか親子21」[19]より）。わが国の母子保健サービスは，新生児や妊産婦の死亡率の低下を図るともに，栄養不足による発育不良と感染症の予防を主な目的とした時代から，少子社会を迎える中で，すべての子どもの心身の健やかな育ちをめざす時代へと大きく

17　児童扶養手当：児童扶養手当法に基づき，ひとり親のもとで子どもが育成される家庭の生活の安定と自立の促進に寄与するために支給される手当。

18　母子父子寡婦福祉資金：就職のための技能習得や子どもの修学などに要する資金を無利子または低利子で貸し付ける制度。12種類の福祉資金がある。

19　健やか親子21：母子の健康水準を向上させるためのさまざまな取り組みを，みんなで推進する国民運動計画。2001（平成13）年度にスタートした。2015（平成27）年度からは，新たな課題等を踏まえ，第二次計画（～2024年度）がスタートした。

転換しつつある。

（2）母子保健施策の実施体制

母子保健施策には，保健所，市町村保健センター，母子保健センター，医療機関など多くの機関がかかわっている。1965（昭和40）年に制定された母子保健法により，母子の医療，健康診査，予防接種，保健指導などの施策は都道府県等が設置する保健所が主体となって提供されていたが，1994（平成6）年の同法の改正により，これらの施策は住民に身近な自治体である市町村が設置する市町村保健センターにおいて実施することとされた（1997（平成9）年より完全実施）。

また，2016（平成28）年にも同法が改正され，妊娠期から子育て期までの切れ目のない支援を包括的に提供する「**子育て世代包括支援センター**[20]」の設置が市町村の努力義務とされた。

（3）母子保健施策の概要

図6-3は，主な母子保健施策をまとめたものである。母子保健施策は，健康診査等，保健指導等，健康教育・健康普及，医療給付援助，療育相談事業等に分けられるが，以下，主なものについて概説する。

① 健 康 診 査

〈妊産婦健康診査〉

母体と胎児の健康診査を通じて，それぞれの障害を防止するとともに，流産・早産，妊娠中毒症，未熟児出生を防止するものである。2009（平成21）年度から，妊娠中14回まで原則として無料で受診できるが，市町村により異なる場合もある。

〈乳幼児健康診査〉

「乳児健康診査」や「1歳6か月児健康診査」，「3歳児健康診査」などがある。これらの健康診査や「新生児・未熟児訪問指導」の結果，必要が認められる母子には医師・保健師・助産師等が保健指導を行う。

② 保健指導等

妊娠が確定すれば妊娠届を市区町村に届け出ることになるが，これと引き換えに**母子健康手帳**[21]が交付される。また，妊産婦や新生児，未熟児のいる家庭を保健師等が訪問して必要な指導を行う「妊産婦訪問指導」，「新生児訪問指導」，「未熟児訪問指導」がある。さらに，妊娠・出産・子育てなどに関する講習会や相談指導などを通じて母子保健に関する知識の普及を

---

20 子育て世代包括支援センター：妊産婦・乳幼児等の状況を継続的・包括的に把握し，妊産婦や保護者の相談に保健師等の専門家が対応するとともに，支援の調整や関係機関と連絡調整を行うなど，妊産婦や乳幼児等に対して切れ目のない支援を提供する。根拠法は母子保健法（法律上の名称は「母子健康包括支援センター」）。

21 母子健康手帳：妊娠期から産後まで，新生児期から乳幼児期まで一貫して，健康の記録を，必要に応じて医療関係者が記載・参照し，また保護者自らも記載し管理できるよう工夫された母子保健のツール。
（出典：「母子健康手帳の交付・活用の手引き」平成23年度厚生労働科学研究費補助金（成育疾患克服等次世代育成基盤研究事業））

第4章　子育て支援の実施体制

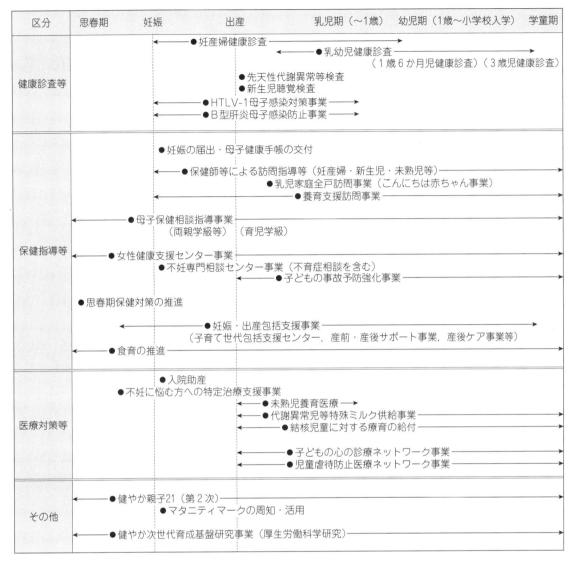

図4-3　主な母子保健政策

出典：厚生労働省編『平成29年版厚生労働白書』2017年，資料編192頁．

図る「母子保健相談指導事業」，生涯を通じた女性の健康支援を行うための健康相談や健康教育を行う「生涯を通じた女性の健康支援事業」，心身に障害のある児童や将来発現する恐れのある子どもを早期に把握し，専門医による発達相談指導や保健師や理学療法士，作業療法士などの専門スタッフが家庭を訪問し療育に関する情報提供などを行う「乳幼児発達相談指導事業」などがある。

③ 健康教育

乳幼児突然死症候群（SIDS）を予防するため，SIDSに関する知識の普及や啓発，情報提供などを行ったり，食を通じた子どもの健全育成を推進する食育の推進を行っている。

④ 医療給付援助

障害児が生活能力を得るために必要な医療費の給付を行う「自立支援医療費給付」，未熟児の指定養育医療機関への入院・養育を行う「未熟児養育医療給付」，長期入院治療を要する結核児童に対する療育である「療育医療給付」，悪性新生物・慢性腎疾患・ぜんそく等の罹患児への支援である「小児慢性特定疾患医療費助成制度」，身体の機能に障害のある児童の早期発見・早期治療を行う「療育相談事業」などがある。

（4）母子保健サービスの動向と課題

都市化，核家族化が進行するなか，子育て家庭が孤立するなど子育て環境は厳しさを増している。このため，妊産婦から乳幼児に至るまでの包括的な保健対策が求められるが，特に子育て不安など子育てに困難を感じる親に寄り添う支援が課題となる。これらの親の中には自らサービスにアクセスすることが苦手な者も少ないことから，これからはアウトリーチ（訪問）による支援を積極的に行うことが重要となる。

また，虐待問題が深刻化するなか，その発生予防策が喫緊の課題となっている。国の調査（社会保障審議会児童部会児童虐待等要保護事例の検証に関する専門委員会，2018）では，虐待で死亡する子どもの約3割は生後1か月以内で死亡していることが明らかになっている。その多くは望まない妊娠や飛び込み出産など，妊娠期からすでに困難な課題を抱えている。このため，妊娠期から乳幼児に至るまでの切れ目のない支援が強く求められる。さらに，虐待の発生を予防するには，保健，福祉，医療等さまざまな機関による連携が不可欠であり，そのためには**要保護児童対策地域協議会**[22]を積極的に活用するなど，日頃からの関係機関同士のネットワークづくりが重要となる。

[22] 要保護児童対策地域協議会：地域の関係機関等が要保護児童，特に支援が必要な児童（要支援児童），特に支援が必要な妊婦（特定妊婦）に関する情報や考え方を共有し，適切な連携の下で対応していくためのネットワーク。児童福祉法に定められた協議会であり，殆どの市町村に設置されている。

> **演習問題**
> 1．児童家庭福祉の実施体制について整理してみよう。
> 2．児童相談所における相談援助活動の実際についてまとめてみよう。
> 3．要保護児童施策，ひとり家庭親施策，母子保健施策をめぐる国の動向と課題について整理してみよう。

引用・参考文献

新たな社会的養育の在り方に関する検討会（2017）『新しい社会的養育ビジョン』.

厚生労働省（2017）『平成28年度全国母子世帯等調査結果報告書』.

厚生労働省編（2017）『平成29年版厚生労働白書』資料編.

国立保健医療科学院（2012）『母子健康手帳の交付・活用の手引き』（平成23年度厚生労働科学研究費補助金（成育疾患克服等次世代育成基板研究事業））

才村純ほか（2003）「児童相談所の海外の動向を含めた実施体制のあり方」『児童福祉分野における職員の専門性及びその国際比較に関する研究』（主任研究者：高橋重宏），平成14年度厚生労働科学研究報告書５／７.

社会保障審議会児童部会児童虐待等要保護事例の検証に関する専門委員会（2018）『子ども虐待による死亡事例等の検証結果等について　第14次報告書』.

（才村　純）

第5章　児童福祉法六法等

　本章では、児童福祉法六法（「児童福祉法」「児童扶養手当法」「特別児童扶養手当等の支給に関する法律」「母子及び父子並びに寡婦福祉法」「母子保健法」「児童手当法」）と、それらにかかわる「児童虐待の防止等に関する法律」（児童虐待防止法）、「配偶者からの暴力の防止等及び被害者の保護等に関する法律」（DV防止法）の要点を示すとともに、近年の主要な改正点について確認する。

1．児童福祉法

（1）児童福祉法成立と改正の経過

　児童福祉法が成立したのは1947（昭和22）年、第二次世界大戦が終了した2年後である。当時の日本は、敗戦による混乱のなか、多くの戦災孤児や浮浪児が出現していたため、要保護児童の保護を目的とする法案がつくられるとともに、すべての児童の健全育成をめざした積極的な福祉の増進も図られるようになった。児童福祉を「公の責任」として明確に位置づけ、児童や家庭等の福祉に関する基本的な法律となったのである。児童福祉法は、その成立以降、社会による子育て支援の必要性、「児童の権利に関する条約」の批准（1994年）に伴う児童の権利擁護に対する意識の高まり、社会福祉基礎構造改革[1]の動き等により、必要に応じて一部改正が行われてきた。

　2000年改正では、社会福祉法の成立に伴い母子生活支援施設および助産施設の入所は措置から選択利用方式に改められた。2001年改正では、認可外保育施設に対する監督の強化、保育士資格の法定化と名称独占資格化、児童委員の職務の明確化、主任児童委員の法定化などが行われた。2003年改正では、急速な少子化の進行等からすべての子育て家庭における児童の養育を支援するため、市町村における子育て支援事業の実施、市町村保育計画の作成等を規定した。2004年改正では、次世代育成支援対策を推進するため、児童虐待防止対策の推進、新たな小児慢性特定疾患対策の確立等を目的とした改正が行われた。市町村における児童相談の役割を明確化、要保護児童対策地域協議会の設置、児童福祉施設の年齢要件の見直し、保護を要する児童について家庭裁判所が関与する仕組みを導入するなど大幅な改正が行われた。2005年改正では、障害者自立支援法（現・障害者総合支援法）制定に関連して障害児福祉分野の大幅な改正が行われた。2008年

---

[1] 社会福祉基礎構造改革は、①個人の自立を基本とし、その選択を尊重した制度の確立、②質の高い福祉サービスの拡充、③地域での生活を総合的に支援するための地域福祉の充実を改革の方向とし、戦後の社会福祉制度を根本的に見直す改革となった。

改正では，地域における子育て支援の充実，要保護児童に関する社会的養護体制の拡充をはかることを目的として改正された。地域における子育て支援については，乳児家庭全戸訪問事業，養育支援訪問事業，地域子育て支援拠点事業，一時預かり事業，家庭的保育事業等の子育て支援事業が法律上位置づけられた。社会的養護体制の拡充については，養子縁組を前提とした里親と養育里親の区別，小規模住居型児童養育事業（ファミリーホーム）の創設，年長児の自立支援の見直し，施設内虐待の防止のための通告義務等が主な改正内容である。

2010年改正では，「精神に障害のある児童（発達障害児を含む）」といった「障害児」の定義の改正とともに，障害児入所施設，児童発達支援センター等，障害児関連施設の改編が行われた。2011年改正では，児童虐待の防止等を図り児童の権利利益を擁護する観点から，「民法等の一部を改正する法律（平成23年法律第61号）」が成立した。具体的には，親権の停止制度の新設（民法），親権の喪失等の請求権者の見直し（民法，児童福祉法），児童相談所長や施設長の権限強化等（児童福祉法）が規定された。2012年からの改正では，子ども・子育て支援法の制定を受けて，幼保連携型認定こども園についての規定の追加と，保育事業（家庭的保育事業・小規模保育事業・事業所内保育事業）の法定化，多様化する実施形態に対応する地域子育て支援拠点事業の再編等が行われた。

（2）理念が明確化になった2016年児童福祉法改正[2]

2016年に改正された児童福祉の理念は，戦後すぐにできた児童福祉法成立以降初めての画期的な出来事であり，これにより児童福祉を保障するための原理がより明確になった。これまで児童は愛護されるべき存在として客体的に位置づけられてきたが，今回の改正では権利の主体として明確に位置づけられた（同法第1条）。「児童の最善の利益」は，「児童の権利に関する条約」の条文として世界共通の価値として常識となっているが，今回の改正においてようやく明記された（同法第2条1項）。また，児童を育成する「第一義的責任は保護者」（同法2条2項）であることや，国及び地方公共団体の育成責任（同法2条3項）と保護者支援（同法3条の2）が明記された。

その他には，市町村における支援拠点の整備，市町村の要保護児童対策地域協議会の機能強化，児童相談所設置自治体の拡大，児童相談所の体制強化，児童相談所の権限強化，親子関係再構築支援，里親委託等の推進，18歳以上の者に対する支援の継続等が明記された。

2　児童福祉法は，2019年には一部が改正され，児童虐待防止対策の強化をはかるため，親による体罰の禁止，児童相談所の機能強化などに関する規定が整備された。

（3）児童福祉法の法律上の位置づけと構成

児童福祉法に関わる法体系は図5-1のとおりである。日本の児童家庭福祉の法体系の原点は，国の最高法規である日本国憲法であり，基本的人権の尊重（第11条）や生存権（第25条）等，憲法で定められた法律制定の手続きによって児童福祉法をはじめさまざまな法律が制定されている。条約は，国家や国際組織の中で締結される国際的な合意をいうが，国内法としての効力も発生する。次に，制定された法律を受けて内閣が制定する政令と各省の大臣が制定する省令を規定し，上位にある法律で定められていない細部の事項を定めている。条例は，地方自治体が定める地方独自の規範であり，政令と同様，上位にある法律の範囲内でしか決めることができない。

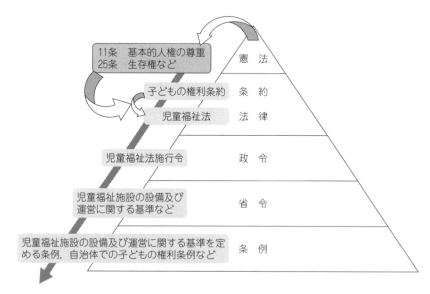

図5-1　児童福祉法の階層関係
出典：保育小六法編集委員会（2017：1），一部筆者加筆．

児童福祉法の構成は，第1章「総則」（国及び地方公共団体の責務，定義，児童福祉審議会等，実施機関，児童福祉司，児童委員，保育士），第2章「福祉の保障」（① 療育の指導等，② 居宅生活の支援，③ 保育所への入所等，④ 障害児入所給付費等，⑤ 障害児相談支援給付費等，⑥ 要保護児童の保護措置等，⑦ 被措置児童等虐待の防止等，⑧ 雑則），第3章「事業，養育里親及び養子縁組里親並びに施設」，第4章「費用」，第5章「国民健康保険団体連合会の児童福祉法関係業務」，第6章「審査請求」，第7章「雑則」，第8章「罰則」の計8章からなっている。

2．児童福祉法六法

（1）児童扶養手当法

児童扶養手当法は，父母の離婚や死別など，一定の要件に該当するひとり親家庭の安定と自立の促進に寄与するため，児童扶養手当の支給によって児童の福祉の増進を図ることを目的とした法律である。法律が制定された1961年以降，18歳の年度末まで支給（1995年），支給所得に応じた支給額の設定（2002年），一部支給停止の要件（2003年），財源の負担割合の見直し（2007年），一定の要件に該当する父子家庭の対象拡大（2010年）などの改正が行われてきた。

児童扶養手当の趣旨（第2条）には，「児童の心身の健やかな成長に寄与すること」，「支給を受けた父又は母は自ら進んで自立を図り，家庭の生活の安定と向上に努めること」，「婚姻を解消した父母等が児童に対して履行すべき扶養義務の程度又は内容を変更するものではないこと」が明記されている。

手当の額（2018年4月分）は，全額支給される場合は，月額4万2,500円，一部支給の場合は月額4万2,490円から1万30円，児童2人目の加算額は月額1万40円，3人目以降は月額6,020円である。所得制限が設けられており，物価変動等によって改訂されることがある。

（2）特別児童扶養手当等の支給に関する法律

特別児童扶養手当等の支給に関する法律は，精神または身体に障害のある児童に特別児童扶養手当，精神または身体に重度の障害を有する児童に障害児手当，精神または身体に著しく重度の障害を有する者に特別児童扶養手当を支給し，福祉の増進を図ることを目的とした法律である。この法律によって支給される月額と支給要件は下記のとおりである（2018年4月現在）。

特別児童扶養手当は，障害児を監護する父母等に対して支給する手当であり，支給額は，重度障害児（1級）には月額5万1,700円，中度障害児（2級）には月額3万4,430円となっている。所得制限が設けられており，物価変動等によって改訂されることがある。

障害児福祉手当は，福祉事務所を設置する自治体の長が重度障害児に対して月額1万4,650円支給する。所得制限が設けられており，障害児入所施設等に入所している場合は支給されない。

特別障害者手当は，障害児福祉手当の成年版であり，福祉事務所を設置

する自治体の長が特別障害者に対して月額2万6,940円支給する。障害児福祉手当と同様に所得制限が設けられており、3か月以上入院している場合は支給されない。支給を受ける場合は、20歳で改めて手続きを行う必要がある。

(3) 母子及び父子並びに寡婦福祉法

母子家庭等および寡婦の福祉に関する原理を明らかにするとともに、その生活の安定と向上のために福祉資金の貸付や母子・父子福祉施設など、必要な措置を講じ、福祉を図るための法律である。もともとは、母子福祉貸付資金の貸付等に関する法律（1952年）が端緒となっているが、母子家庭に対する総合的援助の必要性により「母子福祉法」が制定（1964年）、寡婦家庭も対象とする「母子及び寡婦福祉法」の改正（1981年）、父子家庭への支援拡大（2002年）、「母子及び父子並びに寡婦福祉法」に改称（2014年）がなされた。

母子福祉資金、父子福祉資金、寡婦福祉資金は、就労や児童の就学などで資金が必要になったときに、都道府県、政令指定都市、中核市から貸し付けを受けられる資金である。資金の種類は、① 事業開始資金、② 事業継続資金、③ 修学資金、④ 技能習得資金、⑤ 修業資金、⑥ 就職支度資金、⑦ 医療介護資金、⑧ 生活資金、⑨ 住宅資金、⑩ 転宅資金、⑪ 結婚資金、⑫ 就学支度資金があり、経済的自立を支援するとともに児童の福祉を増進することを目的としている。その他に、ひとり親家庭に対する保育所入所に関する配慮、相談指導を行う母子・父子自立支援員、母子・父子福祉施設なども規定されている。

(4) 母子保健法

母性並びに乳幼児の健康の保持・増進を図るため、母子保健の原理を明らかにするとともに、健康診査、保健指導、医療などの措置により国民保健の向上に寄与することを目的とした法律である。母性（女性のもつ母親としての性質）や乳幼児の健康の保持増進を図ることなど、基本的な母子保健の考え方が示され、地方自治体による知識の普及、市町村の保健指導等、母子保健の向上に関する措置について明記されている。

母子保健の取り組みは、① 保健指導（思春期対策、母子健康手帳の交付、妊娠・出産・育児に関する保健指導、妊産婦・新生児・未熟児への訪問指導など）、② 健康診査（妊婦健診、乳児・1歳6カ月・3歳児健診、先天性代謝異常等の検査、B型肝炎母子感染防止事業など）、③ 医療の給付（妊娠高血圧症候群の療養援護、未熟児養育医療、小児慢性特定疾患治

療研究,周産期医療対策など),④ 基盤整備(不妊治療に対する支援,母子保健医療施設整備事業,乳幼児健康支援一時預かり事業,乳幼児突然死症候群対策,食育の推進など)で構成されている。

　2016年の改正では,妊娠期から子育て期までの切れ目のない支援が提供できる「**子育て世代包括支援センター**[3]」が法定化されるとともに,「児童虐待の発生予防・早期発見」が明記されるようになった。

[3] 法律上の名称は,「母子健康包括支援センター」という。

(5) 児童手当法

　「保護者等は子どもの養育について第一義的責任を有する」という基本的認識のもと,児童を養育している者に児童手当を支給することにより,家庭における生活の安定,次代の社会を担う児童の健全育成及び資質の向上に資することを目的とした法律である。子どもを養育する家庭の生活を安定させることをねらいとした児童手当創設への機運の高まりから1971年に児童手当法が制定された。その後,対象児童,支給期間,手当額等について度々改正が行われ所得制限が設けられているが,基本的には多くの世帯が受給できる社会手当の一つである。

　支給対象者は,0歳～中学校卒業までの国内に住んでいる児童を養育している保護者であり,3歳未満の児童であれば月額1万5,000円,3歳～小学校修了前までの児童であれば第1子と第2子に1万円,第3子以降に1万5,000円,中学生であれば月額1万円が支払われる。ただし,所得制限の限度額より収入が多い場合は,当分の間の特例給付として子ども一人当たり5,000円が支給される。

3. その他,福祉にかかわる法律

(1) 児童虐待の防止等に関する法律

　児童虐待の増加・顕在化にともない,2000年5月に議員立法によって成立した法律であり,児童虐待の禁止,児童虐待の予防や早期発見,国及び地方公共団体の責務,児童の保護及び自立支援のための措置などについて明記されている。同法が「身体的虐待」「性的虐待」「ネグレクト」「心理的虐待」といった児童虐待を法律上初めて定義したことにより,社会的関心が広がり,児童虐待が顕在化,それにともなうさまざまな対応が求められるようになってきた。

　これまで,児童虐待の定義の拡大,児童虐待にかかる通告義務の拡大,警察への援助要請,施設入所中の面会・通信の制限等が改正(2004年),児童の安全確認のための立ち入り調査等の強化,保護者に対する指導に従

わない場合の措置の明確化，国及び地方公共団体による重大な児童虐待事例の分析等も明記されるようになった（2007年）。

児童虐待への対応は，法律を根拠にして慎重に対応が求められる場合が多い。たとえば，親権に関する事項（同法第14～15条関係）では，親権の適切な行使，親権の喪失，停止等の制度の適切な運用に関して規定している。児童虐待の早期発見・通告・安全確認においては，早期発見の努力義務（第5条），市町村等に対する通告義務（第6条），児童の安全確認と一時保護等（第8条），保護者への出頭要求（第8条の2），立入調査（第9条），再出頭要求（第9条の2），臨検・捜索（第9条の3），警察署長への援助要請（第10条）といった具体的な流れを想定し，規定されている（才村，2017：79）。

（2）配偶者からの暴力の防止等及び被害者の保護等に関する法律（DV防止法）

配偶者からの暴力（DV）の深刻化を背景に，配偶者からの暴力の防止および被害者の保護を目的として，2001年4月に超党派の議員立法によって成立した法律である。「配偶者からの暴力」の定義，配偶者暴力相談支援センターの設置，保護命令等について示されている。

これまで，「精神的暴力」の追加，保護命令制度拡充，被害者自立支援の明確化等（2004年），「生命・身体に対する脅迫」による保護命令の追加，裁判所からの命令（禁止行為）拡充，配偶者の親族等への接近禁止等（2007年）の改正が行われてきた。

保護命令については，裁判所が加害者に対して，① 被害者への接近禁止命令，② 電話等禁止命令，③ 被害者の子どもや親族への接近禁止命令，④ 退去命令を発することができ，その内容を管轄する警察や配偶者暴力支援センターに通知されるようになった。この保護命令に違反した者には，1年以下の懲役または100万円以下の罰則規定がある。

演習問題

1. 児童福祉法六法等のそれぞれの成り立ちについて調べてみよう。
2. 児童福祉法六法等の改正点とその背景について調べてみよう。
3. 「法律の必要性」とともに，法律ではできないこと，網羅できていない部分（法律のぬけ穴）について考えてみよう。

引用・参考文献

才村純・芝野松次郎・松原康雄編著（2017）『児童や家庭に対する支援と子ども家庭福祉制度』ミネルヴァ書房．

社会福祉士養成講座編集委員会編著（2017）『児童や家庭に対する支援と児童・家庭福祉制度』中央法規．

千葉茂明編著（2017）『児童・家庭福祉論』みらい．

保育福祉小六法編集委員会編著（2018）『保育福祉小六法』みらい．

保育福祉小六法編集委員会編著（2017）『法律等を読み解くうえで必要な基礎知識』みらい．

山縣文治（2018）『子ども家庭福祉論』ミネルヴァ書房．

（本田和隆）

第6章　子育て支援制度・事業

　2012（平成24）年8月に成立した「子ども・子育て関連3法」に基づく「子ども・子育て支援新制度」が，2015（平成27）年4月から施行された。本章では，子育て支援制度・事業について理解を深める。

1．子ども・子育て関連3法

1　子ども・子育て支援法：子ども・子育て支援制度の給付内容等を示す法律。

　子ども・子育て関連3法とは，「**子ども・子育て支援法**[1]」「認定こども園法の一部改正法」「子ども・子育て支援法及び認定こども園法の一部改正法の施行に伴う関係法律の整備等に関する法律」である。3法の主なポイントは，① 認定こども園，幼稚園，保育所を通じた共通の給付（「施設型給付」）及び小規模保育等への給付（「地域型保育給付」）の創設，② 認定こども園制度の改善（幼保連携型認定こども園の改善等），③ 地域の実情に応じた子ども・子育て支援（利用者支援，地域子育て支援拠点，放課後児童クラブなどの「地域子ども・子育て支援事業」）の充実である。

2．子ども・子育て支援新制度

　子ども・子育て支援新制度では，① 認定こども園，幼稚園，保育所を通じた共通の給付（「施設型給付」）及び小規模保育等への給付（「地域型保育給付」）の創設，② 認定こども園制度の改善（幼保連携型認定こども園の改善等），③「地域子ども・子育て支援事業」の創設（地域子育て支援拠点，一時預かり等）の3点が主なポイントとなっている。
　政府は，図6-1で示したように，「市町村子ども・子育て支援事業計画」と「利用者支援事業」を，子ども・子育て支援新制度の「車の両輪」としている。

3．地域子ども・子育て支援事業

　市町村は，子ども・子育て家庭等を対象とする事業として，市町村子ども・子育て支援事業計画に従って，以下の「特定13事業」として個別事業を実施すると，子ども・子育て支援法第59条に示されている。

第6章　子育て支援制度・事業

車の両輪

市町村子ども・子育て支援事業計画

5年間の計画期間における幼児期の学校教育・保育・地域の子育て支援についての需給計画。（新制度の実施主体として，全市町村で作成。）

- 地域全体の子育て家庭のニーズ（潜在的ニーズも含む）を基に「需要」を見込む。
- 需要に応じて，多様な施設や事業を組み合わせた，「供給」体制を確保。

利用者支援事業

- 個別の子育て家庭のニーズを把握して，適切な施設・事業等を円滑に利用できるよう支援。（「利用者支援」）
- 利用者支援機能を果たすために，日常的に地域の様々な子育て支援関係者とネットワークの構築，不足している社会資源の開発を実施。（「地域連携」）

↓

地域の子育て家庭にとって適切な施設・事業の利用の実現

図6-1　子ども・子育て支援新制度における利用者支援事業の役割について

出典：内閣府．

（1）利用者支援事業

　子ども及びその保護者等，または妊娠している方が教育・保育施設や地域の子育て支援事業等を円滑に利用できるようサポートする事業である。主な事業内容は「利用者支援」と「地域連携」である。
事業実施の形態として，利用者支援事業については，「基本型」「特定型」「母子保健型」のいずれかの形態を選択することになる。

- 「基本型」：「利用者支援」と「地域連携」を共に実施する形態である。（主として，行政窓口以外で，親子が継続的に利用できる施設を活用する。）（例：地域子育て支援拠点事業で実施の「地域機能強化型」）
- 「特定型」：主に「利用者支援」を実施する形態である。※地域連携については，行政がその機能を果たす。（主として，行政機関の窓口等を活用。）（例：横浜市「保育コンシェルジュ事業」）
- 「母子保健型」：保健師等の専門職がすべての妊産婦等を対象に「利用者支援」と「地域連携」を共に実施する形態である。※継続的な把握，支援プランの策定を実施（主として，保健所・保健センター等を活用。）

　母子保健に関する相談にも対応するため，利用支援事業に「母子保健型」を新設し，妊娠期から子育て期にわたるまでのさまざまなニーズに対して総合的相談支援を提供するワンストップ拠点（子育て世代包括支援センター）を整備。
　さらに，保健師等の専門職がすべての妊産婦等の状況を継続的に把握し，必要に応じて関係機関と協力して支援プランを策定。

(2) 地域子育て支援拠点事業

児童福祉法には,「地域子育て支援拠点事業とは,厚生労働省令で定めるところにより,乳児又は幼児及びその保護者が相互の交流を行う場所を開設し,子育てについての相談,情報の提供,助言その他の援助を行う事業」(第6条の3第6項)と示されている。

公共施設や保育所,児童館,公民館等の地域の身近な場所で,地域の子育て中の親子の交流の場の提供,育児相談,情報提供等を行う事業である。

地域子育て支援拠点事業の背景や課題等に関しては,図6-2に示したとおりである。

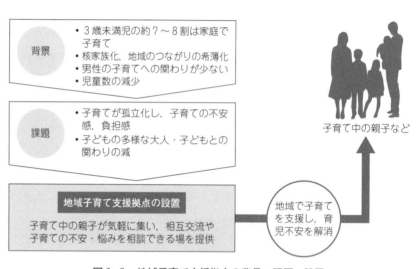

図6-2 地域子育て支援拠点の背景,課題,設置
出典:内閣府・文部科学省・厚生労働省(2015).

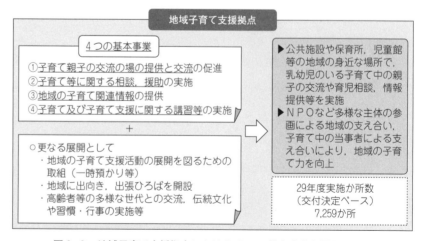

図6-3 地域子育て支援拠点における4つの基本事業と更なる展開
出典:厚生労働省HP(2018)「地域子育て支援拠点事業とは」.

常設の地域子育て拠点を設け，地域の子育て機能の充実を図る取組を実施している「一般型」と，児童福祉施設等多様な子育て支援に関する施設に親子が集う場を設け，子育て支援のための取り組みを実施している「連携型」がある。

地域子育て支援拠点事業は，地域の子育て中の親子の交流促進や育児相談等を実施し，子育ての孤立感，負担感の解消を図り，すべての子育て家庭を地域で支える取り組みとしてその拡充を図ってきた。そこで図6－3に示した4つの基本事業が実施され，さらなる展開として，一時預かり，出張ひろば，多世代交流といった多様な地域の子育て支援活動が行われている。

こうした地域子育て支援拠点事業の変遷としては，1993年には，地域の子育て家庭を対象とした支援を展開するための事業として，「保育所地域子育てモデル事業」が創設された。また，1995年には，「地域子育て支援センター事業」に名称を変更，2002年には，「つどいの広場」を創設，2007年に児童館による子育て支援事業を加えて，センター型，ひろば型，児童館型から構成される「地域子育て支援拠点事業」に再編されるという経過を辿った。また，2013年には，地域子育て支援拠点事業を再編し，一般型，連携型に地域機能強化型が追加されている（新川，2018）。

（3）妊婦健康診査

妊婦の健康の保持および増進を図るため，妊婦に対する健康診査として，① 健康状態の把握，② 検査計測，③ 保健指導を実施し，妊娠期間中の適時に必要に応じた医学的検査を実施する事業である。

（4）乳児家庭全戸訪問事業

原則として，生後4か月未満の乳児のいる家庭を訪問し，子育て支援に関する情報提供や養育環境等の把握を行う事業である。訪問者は，保健師・助産師・看護師・保育士・愛育班員・母子保健推進員・児童委員・子育て経験者等である。また，訪問内容は，① 子育て支援の情報提供，② 母親の不安や悩みに耳を傾ける，③ 養育現場の把握である。なお，対象家庭には，里親家庭や小規模住居型児童養育事業も含まれている。

（5）養育支援訪問事業・子どもを守る地域ネットワーク機能強化事業
　　（その他要保護児童等の支援に資する事業）

養育支援訪問事業は，養育支援が特に必要な家庭に保健師等が訪問し，養育に関する相談，指導，助言その他必要な支援を行う事業である。当該

家庭の適切な養育の実施を確保する事業でもある。

子どもを守る地域ネットワーク機能強化事業は、要保護児童対策協議会（子どもを守る地域ネットワーク）の機能強化を図るため、調整機関職員やネットワーク構成員の専門性強化とネットワーク機関間の連携間の連携強化を図る取り組みを行う事業である。

（6）子育て短期支援事業

保護者の疾病その他の理由で、家庭において養育が一時的に困難になった児童について、児童養護施設などに入所させ預かり、必要な保護を行う事業である。短期入所生活援助（ショートステイ）事業[2]、夜間養護等（トワイライトステイ）事業[3]がある。

> 2　短期入所生活援助（ショートステイ）事業：児童を児童養護施設等で一時的に預かる事業
> 3　夜間養護等（トワイライトステイ）：児童を児童養護施設等において保護し、生活指導、食事の提供等を行う事業

（7）子育て援助活動支援事業（ファミリー・サポート・センター事業）

児童福祉法（第6条の3第14項）によれば、「子どもの一時的な預かりや、子どもの外出時の移動支援を希望する者と育児の援助を行いたい者との相互援助活動に関する連絡や調整などを行う事業である」。

特徴の一つは、児童の対象年齢が乳幼児から小学生までと幅広いことである。

相互援助活動の例としては、① 保育施設までの送迎、② 保育施設の開始前や終了後または学校の放課後などに子どもを預かる、③ 保護者の病気や急用等の場合に子どもを預かる、④ 冠婚葬祭や他の子ども学校行事の際、子どもを預かる、⑤ 買い物等外出の際、子どもを預かる、⑥ 病児・病後児を預かったり、早朝・夜間等の緊急の預かり対応、などがある。

（8）一時預かり事業

家庭において保育を受けることが一時的に困難となった乳児または幼児を対象に認定こども園・幼稚園・保育所等で一時的に預かる事業である。新制度の施行に伴い事業の普及を図るため事業類型等が見直され、「一般型」「余暇活用型」「幼稚園型」「訪問型」の4種類となった。

（9）延長保育事業

保育認定を受けた子どもについて、通常の利用日及び利用時間以外の日及び時間において、認定こども園・保育所等で保育を実施する事業である。保育施設等で引き続き保育が行われる「一般型」と子どもの自宅で行われる「訪問型」がある。

(10) 病児保育事業

病気の児童について，病院・保育所等に付設された専用スペース等において，看護師等が一時的に保育等を行う事業である。「病児対応型・病後児対応型」「体調不良児対応型」「非施設型（訪問型）」の3つの類型がある。

(11) 放課後児童健全育成事業（放課後児童クラブ）

保護者が労働等により昼間家庭にいない小学校に就学している児童に対し，授業の終了後等に小学校の余裕教室や児童館等において適切な遊び及び生活の場を与えて，その健全な育成を図る事業である。小学校6年生までが対象となる。

(12) 実費徴収に係る補足給付を行う事業

保護者の世帯所得の状況を勘案し，特定教育・保育施設等に対して保護者が支払うべき教育・保育に必要な物品の購入に要する費用や行事への参加に要する費用を助成する事業である。

認定区分に応じて対応が異なる給食費（副食材料費）と，それ以外の教材費・行事費等に分けて費用の一部を補助する。

(13) 多様な主体が本制度に参入促進・能力活用事業

多様な事業者の新規参入を支援するほか，認定こども園における特別な支援が必要な子どもの受入体制を構築することで，良質かつ適切な教育・保育等の提供体制確保を図る事業である。

主な事業内容は，「新規参入施設等への巡回支援」「認定こども園特別支援教育・保育経費」の2つである。

演習問題

1．「子ども・子育て関連3法」における保育士としての役割を考えよう。
2．「子ども・子育て支援新制度」の主なポイントをまとめてみよう。
3．「地域子ども・子育て支援事業」について，まとめてみよう。

引用・参考文献

新保幸男・小林理編集（2017）『児童家庭福祉』中央法規.
内閣府（2015）『地域子ども・子育て支援事業について』.
内閣府・文部科学省・厚生労働省（2015）『子ども・子育て支援新制度ハンド

　　　　ブック　施設・事業者向け　平成27年7月改訂版』.
新川泰弘（2016）『地域子育て支援拠点におけるファミリーソーシャルワーク
　　の学びと省察』相川書房.
松原康雄・圷洋一・金子充〔編集〕（2017）『社会福祉』中央法規.

（室谷雅美）

第 7 章 「保育所保育指針」「幼保連携型認定こども園教育・保育要領」「幼稚園教育要領」における子育て支援

　2017（平成29）年3月31日付で，新しい「保育所保育指針」「幼保連携型認定こども園教育・保育要領」「幼稚園教育要領」が，内容的な統一性を図るというねらいもあって，同時に「告示」され，2018（平成30）年4月1日から実施されている。これでもって，乳幼児の保育・教育は新しい段階に入ったのであるが，本章では，これら現行の指針や要領における「子育て支援」の取り扱いや内容について取り上げることにする。

1．「保育所保育指針」と子育て支援

　まず，「保育所保育指針」である。現行の新指針は，社会保障審議会児童部会保育専門委員会が2016（平成28）年12月21日に発表した「保育所保育指針の改定に関する議論のとりまとめ」を基本的に受けている。旧指針は，2008（平成20）年に改定され，翌年より施行されたものであるが，その後，2015（平成27）年4月からは子ども・子育て支援新制度が施行され，また他方では，保育所利用児童数の増加，子育ての負担や孤立感の高まり，児童虐待相談件数の増加などということもあって，保育をめぐる状況は大きく変化した。

　「とりまとめ」は，このような状況変化の認識に基づいて，「保育所保育指針の改定の方向性」として，5つの方向性を挙げている。すなわち，「(1) 乳児・1歳以上3歳未満児の保育に関する記載の充実」「(2) 保育所保育における幼児教育の積極的な位置づけ」「(3) 子どもの育ちをめぐる環境の変化を踏まえた健康及び安全の記載の見直し」「(4) 保護者・家庭及び地域と連携した子育て支援の必要性」「(5) 職員の資質・専門性の向上」の5つである。そして，こうした方向性に対応して，指針の章構成を見直す「具体的な章構成（案）」を提案したのである。

　改定された新指針でまず目につくのは，この「具体的な章構成（案）」を受けた章構成の大幅な変更である。それまでは，「第1章　総則」「第2章　子どもの発達」「第3章　保育の内容」「第4章　保育の計画及び評価」「第5章　健康及び安全」「第6章　保護者に対する支援」「第7章　職員の資質向上」であったのが，このたび，「第1章　総則」「第2章　保育の内容」「第3章　健康及び安全」「第4章　子育て支援」「第5章　職員の資質向上」へと変更されたのである。

もっとも，内容がまったく変わってしまったのではなく，変更といっても，内容を移行させたり組み換えたりしているところもある。けれども，新指針では，「保護者に対する支援」であったタイトルを「子育て支援」と改めて，「子育て支援」という観点を強く打ち出すとか，「職員の資質向上」のタイトルはそのままとしても，「専門性」を強調し，「研修の実施体制等」を書き加えるなど，より充実発展した方向が示されてもいるのである。

ここで，「保護者に対する支援」からタイトル変更された「第4章　子育て支援」に注目してみると，タイトル変更は，章のタイトルだけでなく，章構成の各部分にも及んでいる。旧指針では，「1　保育所における保護者に対する支援の基本」「2　保育所に入所している子どもの保護者に対する支援」「3　地域における子育て支援」であったのが，新指針にあっては，「1　保育所における子育て支援に関する基本的事項」「2　保育所を利用している保護者に対する子育て支援」「3　地域の保護者等に対する子育て支援」とされている。このタイトル変更に象徴されているように，「子育て支援」が全体のいわばキーワードとなっているのである。

また，「3　地域の保護者等に対する子育て支援」の箇所では，「地域に開かれた子育て支援」という理念が提唱され，旧指針では，「一時保育」と簡単に済まされていたのが，新指針では，「地域の子どもに対する一時預かり事業などの活動を行う際には，一人一人の子どもの心身の状態などを考慮するとともに，日常の保育との関連に配慮するなど，柔軟に活動を展開できるようにすること」とかなり丁寧な書き方になっている。いずれにしても，子ども・子育て支援新制度がスタートした以上，「地域に開かれた子育て支援」は，これからの保育所の重要な使命になってくるのである。

2．保育所における子育て支援の留意事項

「保育所保育指針」における「子育て支援」に関する内容に立ち入ってみると，まず「第1章　総則」で，「保育所の役割」の一つとして，次のことが挙げられている。

> 保育所は，入所する子どもを保育するとともに，家庭や地域の様々な社会資源との連携を図りながら，入所する子どもの保護者に対する支援及び地域の子育て家庭に対する支援等を行う役割を担うものである。

保育所は，入所する子どもの保育だけでなく，入所する子どもの保護者

に対する子育て支援, さらには地域の保護者に対する子育て支援も行うのである。それで,「保育所における保護者に対する子育て支援」といわれる場合, その「保護者」は, 子どもを保育所に入所させている「保護者」と, 子どもを保育所に入所させていない地域の「保護者」の両方を含んでいることになる。

総則でのこの役割規定を受けて,「第4章　子育て支援」においては,「保育所における保護者に対する子育て支援」に関して,「次の事項に留意するものとする」として,「○○すること」といった表現形式でもって, 留意事項が, 先に触れた3つの部分に分けて述べられている。全体の構成は次のようになっている。

> 1　保育所における子育て支援に関する基本的事項
> (1) 保育所の特性を生かした子育て支援
> (2) 子育て支援に関して留意すべき事項
> 2　保育所を利用している保護者に対する子育て支援
> (1) 保護者との相互理解
> (2) 保護者の状況に配慮した個別の支援
> (3) 不適切な養育等が疑われる家庭への支援
> 3　地域の保護者等に対する子育て支援
> (1) 地域に開かれた子育て支援
> (2) 地域の関係機関等との連携

以下, 厚生労働省「保育所保育指針解説」等を参考にしながら, ポイントになると思われるところを中心に説明することにする。

(1) 保育所における子育て支援に関する基本的事項

保育所における子育て支援において, まず何よりも重要なのは, 保育士等の保護者への態度であり, 保護者とのコミュニケーションである。

> 保護者に対する子育て支援を行う際には, 各地域や家庭の実態等を踏まえるとともに, 保護者の気持ちを受け止め, 相互の信頼関係を基本に, 保護者の自己決定を尊重すること。

保育士等は, 一人一人の保護者を尊重し, その気持ちをありのままに受け止め, 保護者を深く理解しなければならない。そのことによって, 保護者との間に信頼関係が生まれる。この信頼関係こそが, 子育て支援の基本である。また, 保護者を尊重するというのは, 保護者の「自己決定」を尊重することでもある。

次に，子育て支援は保育所に限らないが，保育所における子育て支援においては，当然，保育所の特性を生かすことが重要となってくる。

> 保育及び子育てに関する知識など，保育士等の専門性や，子どもが常に存在する環境など，保育所の特性を生かし，保護者が子どもの成長に気付き子育ての喜びを感じられるように努めること。

保育所は，保育士や看護師や栄養士等の専門性を有する職員が配置されているとともに，子育て支援の活動にふさわしい設備を備えている施設である。さらに，さまざまな社会資源との連携や協力が可能である。保育所における子育て支援では，このような保育所の特性がフルに発揮されて，保護者が子育ての喜びを感じ，その養育力が向上することが期待される。

そして，こうした保育所の特性を生かした子育て支援に際しては，地域の関係機関等との連携や協力，地域の情報の把握，保護者への情報提供等が必要となってくるが，そのためには，「保育所全体の体制構築に努めること」が求められる。それとともに，「保護者や子どものプライバシーを保護し，知り得た事柄の秘密を保持すること」が，保育士等に義務づけられることになる。

（2）保育所を利用している保護者に対する子育て支援

先に述べたように，保護者に対する子育て支援の決め手は，コミュニケーションである。保育所を利用している保護者の場合には，保護者と日常的に接するので，常に緊密に連絡を取り合って，相互理解が図られなければならない。

> 日常の保育に関連した様々な機会を活用し子どもの日々の様子の伝達や収集，保育所保育の意図の説明などを通じて，保護者との相互理解を図るよう努めること。

このための手段や機会としては，連絡帳，保護者へのお便り，送迎時の対話，保育参観や保育への参加，親子遠足や運動会などの行事，入園前の見学，個人面談，家庭訪問，保護者会などが挙げられる。

また，「子どもに障害や発達上の課題が見られる場合」や「外国籍家庭など，特別な配慮を必要とする家庭の場合」，あるいは「保護者に育児不安等が見られる場合」は，保護者に対して「個別の支援」を行う必要がある。加えて，「保護者に不適切な養育等が疑われる場合」には，「市町村や関係機関と連携し，要保護児童対策地域協議会で検討する」，「虐待が疑われる場合」には，「速やかに市町村又は児童相談所に通告する」などして，

「適切な対応」を図らなければならない。

(3) 地域の保護者等に対する子育て支援

　保育所における子育て支援は，子どもを保育所に入所させていない地域の保護者も対象にしていることは，すでに述べたとおりである。このことにかかわって，児童福祉法第48条の4では次のように規定している。

> 　保育所は，当該保育所が主として利用される地域の住民に対してその行う保育に関し情報の提供を行い，並びにその行う保育に支障がない限りにおいて，乳児，幼児等の保育に関する相談に応じ，及び助言を行うよう努めなければならない。

　この規定を受けて，「保育所保育指針」では，「地域に開かれた子育て支援」という理念のもとに，「保育所保育の専門性を生かした子育て支援」を謳っている。

> 　保育所は，児童福祉法第48条の4の規定に基づき，その行う保育に支障がない限りにおいて，地域の実情や当該保育所の体制等を踏まえ，地域の保護者等に対して，保育所保育の専門性を生かした子育て支援を積極的に行うよう努めること。

　このために，保育所には，「地域の子どもに対する一時預かり事業などの活動」を行うと同時に，地域の関係機関や子育て支援に関する地域の人材と積極的に連携して，「地域の子どもを巡る諸課題」に取り組むことが求められているのである。

3. 認定こども園や幼稚園における子育て支援

　「幼保一体化」あるいは「幼保一元化」は，かねてよりの重要な課題であったが，2006（平成18）年6月に「就学前の子どもに関する教育，保育等の総合的な提供の推進に関する法律」が制定され，幼保一体化施設としての「認定こども園」制度がスタートした。それに際しては，「認定こども園」が，「幼保連携型」「幼稚園型」「保育所型」「地方裁量型」の4類型に分けられた。

　その後，2012（平成24）年に「子ども・子育て支援法」の制定と同時に，「就学前の子どもに関する教育，保育等の総合的な提供の推進に関する法律」も一部改正され，「学校及び児童福祉施設としての法的位置付けを持つ単一の施設」として，新たな「幼保連携型認定こども園」が創設され，

2015（平成27）年より施行・実施されている。また，この実施の前年の4月には，「幼保連携型認定こども園教育・保育要領」が内閣府・文部科学省・厚生労働省の共同告示により公示されている。

現行の「幼保連携型認定こども園教育・保育要領」は，冒頭で述べたように，2017（平成29）年に，「保育所保育指針」および「幼稚園教育要領」と同時に改訂されたものであるが，内容的には，「保育所保育指針」および「幼稚園教育要領」との「整合性の確保」が図られている。全体の構成についても，改訂前では，「第1章　総則」「第2章　ねらい及び内容並びに配慮事項」「第3章　指導計画作成に当たって配慮すべき事項」であったのが，次のように変更されている。

> 第1章　総則
> 第2章　ねらい及び内容並びに配慮事項
> 第3章　健康及び安全
> 第4章　子育ての支援

ここで注目されるのは，「保育所保育指針」を意識して，「子育ての支援」が独立した章として新たに置かれていることである（ただし，微妙にも，「子育て支援」ではなく，「子育ての支援」となっている）。改訂前の要領では，「子育ての支援」にはほとんど言及されていなかったのであるが，しかし，「就学前の子どもに関する教育，保育等の総合的な提供の推進に関する法律」の次の規定にもあるように，「子育ての支援」は，幼保連携型認定こども園の目的に本来含まれているのである。

> この法律において「幼保連携型認定こども園」とは，義務教育及びその後の教育の基礎を培うものとしての満三歳以上の子どもに対する教育並びに保育を必要とする子どもに対する保育を一体的に行い，これらの子どもの健やかな成長が図られるよう適当な環境を与えて，その心身の発達を助長するとともに，保護者に対する子育ての支援を行うことを目的として，この法律の定めるところにより設置される施設をいう。

だが，「幼保連携型認定こども園教育・保育要領」に「子育ての支援」の章が新たに加えられたとはいっても，第4章でのその内容は，「保育所保育指針」の内容とほぼ同じと見てよい。これは，「整合性の確保」からすれば当然の結果ではある。要するに，大体のところは，「保育所」を「幼保連携型認定こども園」に，「保育」を「教育及び保育」に，「保育士」を「保育教諭」に置き換えてみればよいわけである。

ただし，幼保連携型認定こども園の場合には，保護者の生活形態が異な

ることから，「全ての保護者の相互理解が深まるように配慮すること」，また，「教育を行う標準的な時間の終了後等」の「一時預かり事業などの活動」に関して，「保育教諭間及び家庭との連携を密にし，園児の心身の負担に配慮すること」を留意事項としている点は独自といえる。さらに，次にあるような最後の留意事項からは，これからの幼保連携型認定こども園に対する大きな期待が読み取れるのである。

> 幼保連携型認定こども園は，地域の子どもが健やかに育成される環境を提供し，保護者に対する総合的な子育ての支援を推進するため，地域における乳幼児期の教育及び保育の中心的な役割を果たすよう努めること。

これに対して，「幼稚園教育要領」においては，幼稚園が教育機関であることから，「幼児の生活全体が豊かなものとなるよう家庭や地域における幼児期の教育の支援に努めるものとする」ということに示されているように，「教育の支援」という表現が用いられたりしており，しかも，全体の中でのそのウェイトも決して重いとはいえない。とはいっても，幼稚園の運営に関して，最後の箇所で「子育ての支援」について，次のように述べていることは，ここで記しておかなければならない。

> 幼稚園の運営に当たっては，子育ての支援のために保護者や地域の人々に機能や施設を開放して，園内体制の整備や関係機関との連携及び協力に配慮しつつ，幼児期の教育に関する相談に応じたり，情報を提供したり，幼児と保護者との登園を受け入れたり，保護者同士の交流の機会を提供したりするなど，幼稚園と家庭が一体となって幼児と関わる取組を進め，地域における幼児期の教育のセンターとしての役割を果たすよう努めるものとする。

事実，全国の幼稚園では，具体的に，子育て相談の実施，子育てに関する情報の提供，親子登園などの未就園児の保育活動，子育て井戸端会議などの保護者同士の交流の機会の企画，園庭・園舎の開放，子育て公開講座の開催，高齢者・ボランティア団体・子育てサークルなどとの交流等の活動が行われているのである。

以上，指針や要領における「子育て支援」の取り扱いや内容について見たのであるが，どのような施設にせよ，保護者に対する子育て支援にあっては，その支援が，保護者への単なるサービス提供ではなく，あくまで「子どもの最善の利益」を考慮した「全ての子どもの健やかな育ち」の実現に資するものでなければならないことは，最後に確認しておく必要がある。

> **演習問題**
> 1. 保育所での「子育て支援」において何が重要かを考えてみよう。
> 2. 子育て支援において「個別の支援」や「適切な対応」が求められる場合を挙げてみよう。
> 3. 幼稚園や幼保連携型認定こども園でどのような「子育て支援」が行われているのかをまとめてみよう。

引用・参考文献

厚生労働省（2018）『保育所保育指針解説』フレーベル館.

汐見稔幸・無藤隆監修（2018）『〈平成30年施行〉保育所保育指針　幼稚園教育要領　幼保連携型認定こども園教育・保育要領　解説とポイント』ミネルヴァ書房.

内閣府・文部科学省・厚生労働省（2017）『平成29年告示　幼稚園教育要領　保育所保育指針　幼保連携型認定こども園教育・保育要領〈原本〉』チャイルド本社.

内閣府・文部科学省・厚生労働省（2018）『幼保連携型認定こども園教育・保育要領解説』フレーベル館.

文部科学省（2018）『幼稚園教育要領解説』フレーベル館.

（宮野安治）

Ⅲ
子育て支援に援用される ソーシャルワーク

第8章　子育て支援におけるソーシャルワーク

　　保育所においては子どもの保育だけでなく、保護者に対する子育て支援が行われているが、そうした子育て支援に対して、ソーシャルワークが援用されている。そこで、本章では、保育所で行われている子育て支援、子育て支援とソーシャルワークの関係、ソーシャルワーク実践理論について学ぶこととする。

1. 保育所で行われている子育て支援

(1) 環境を通した子育て支援

　保育所では、保育室や園庭など保育所固有の環境を利用した保護者支援が行われている。たとえば、保育所のエントランスホールに、保護者から贈られた四季折々の花をあしらったりして、保護者とのつながりを感じられる工夫がなされたりしている。また、廊下や保育室の壁面に子どもたちの作品を展示することで、子どもたちの保育所での生活を保護者が感じとれるようなことが行われている。

(2) 送迎時における子育て支援

　保育室前には、保護者が子どもを迎えに来る際、その日のイベントや活動がわかるように写真付きのコメントを記載した連絡ボードを配置したり、その日製作した子どもたちの作品を展示したり、保育所の畑で収穫した野菜を置いたコーナーを設置したりしている。

　なお、保護者が子どもと登園する際には、保護者との対面による子育て支援が行われる。この場合は、保育士にとっては、子どもの体調や保護者の様子をしっかり観察しながら、保護者の話にじっくりと耳を傾けることが重要になる。子どもの様子を把握したり、保護者が語る子育ての悩みを理解する際、相談援助の知識と技術を活用しながら、保護者と信頼関係を築いていくことが何よりも大切である。そのため、保護者の心情や態度を受容し、子どもや子育てへのポジティブな意欲や態度が継続されるように支持したりすることが支援の要になる。

(3) 個人面談、懇談会における子育て支援

　保育士と保護者が、保育所と家庭での子どもの様子について話し合う個人面談や懇談会が行われる。この場合、子どもへの関わり方や接し方など

子育てに関する相談援助に際しては，保護者の話を傾聴し，保護者の気持ちを受け止めながら，保護者の子どもへのかかわりの中のよさや工夫を積極的に支持し，承認するといった相談援助の知識と技術が活用される。

保育士は，じっくりと話を聴くことにより，保護者の子育てに関する悩みや不安に対して，方向性や解決策を示すとともに，子どもの成長・発達を見逃さずに，子どもの育ちを保護者とともに喜び，分かち合う。そうした過程を経て，子ども，保護者，保育士は，いずれもともに育ちあう主体として，子育てパートナーシップを形成していくことができるのである。

（4）連絡ノート，園だより，クラスだよりを通した子育て支援

日々の子どもの様子を伝えあう連絡ノート，行事・イベント・保育参観・体験保育などを詳細に連絡する園だよりやクラスだよりも子育て支援に重要な役割を果たしている。まず，連絡ノートは，子どもの情報を共有するということ以外に，保護者の考えや思いを理解する貴重な手段になるとともに，保護者が知りたい保育所での子どもの様子を伝えるという機能をもっている。このことにより，わが子が集団の中でどのように生活し，他の子どもたちとどのようにかかわっているか，客観的にとらえることができる。連絡ノートは，保護者の子育て力を高めるきっかけともなる。

（5）園庭開放，体験保育，行事，発表会，保育参観などによる子育て支援

園庭開放，体験保育，行事，発表会，保育参観などでは，保育士は，保護者が求めている子どもと子育てに関する問題に対して，相談に応じ，助言するだけでなく，保護者の前で，子どもとの関わり方の行動の見本を示したり，子どもの行為を分析して，保護者に説明したりする。そのことは，何よりも保護者が子育てのスキルを獲得するための体験を提供するという貴重な機会である。

このように保育士には，保育所の特性を十分に生かして子育て家庭を支援することが求められているのである。

2．子育て支援とソーシャルワークの関係

2017（平成29）年3月31日告示の「保育所保育指針」「第4章　子育て支援」に，子育て支援とソーシャルワークの関係が明示してある。

（1）保育士がソーシャルワークを学ぶ必要性

厚生労働省（2018）『保育所保育指針解説』の「第4章　子育て支援」

III 子育て支援に援用されるソーシャルワーク

に，ソーシャルワークの姿勢，知識，技術に関する理解を深める必要性が示されている。

> 市町村や児童相談所等においては，子どもの福祉を図り，権利を擁護するために，子育て家庭の相談に応じ，子ども及び子育て家庭の抱える問題やニーズ，置かれている状況等を的確に捉え，個々の子どもや家庭にとって最も効果的な援助を行っていくことが求められている。保育所における子育て家庭への支援は，このような地域において子どもや子育て家庭に関するソーシャルワークの中核を担う機関[1]と，必要に応じて連携をとりながら行われるものである。そのため，ソーシャルワークの基本的な姿勢や知識，技術等についても理解を深めた上で，支援を展開していくことが望ましい。

また，先程の「保育所保育指針解説」に，不適切な養育などが疑われる家庭への支援において，ソーシャルワークの知識や技術を援用することが有効なケースもあることが示されている。

> 保育士等は，一人一人の子どもの発達及び内面について理解と保護者の状況に応じた支援を行うことができるよう，援助に関する知識や技術等が求められる。内容によっては，それらの知識や技術に加えて，ソーシャルワークやカウンセリング等の知識や技術を援用することが有効なケースもある。

「保育所保育指針解説」には，保育士が，保育の専門性を生かしながらソーシャルワークの姿勢，知識，技術に関する理解を深め，支援を展開していくことが望ましく，ソーシャルワークの知識，技術を援用することが有効なケースもあることが示されている。また，児童福祉施設には入所児童の援助のみならず，親子関係の再構築をめざした家庭支援，さらには地域における子育て支援等，ソーシャルワークの取り組みが強く求められている（才村，2005）。そのため，保育士は，保育所を利用している保護者に対して行われる子育て支援と，地域の保護者などに対して行う地域子育て支援において，援用されるソーシャルワークについて学ぶ必要がある。

（2）子育て支援におけるソーシャルワーク

日本では，子育て支援ソーシャルワークについて，法制度上明文化されたものが存在していない。また，ソーシャルワークを行うソーシャルワーカーも保育所や地域子育て支援拠点に配置されていない。そして，子育て支援ソーシャルワークには，統一した見解がないが，子ども家庭福祉分野におけるソーシャルワークは，以下のように定義されている。

---

[1] ソーシャルワークの中核を担う機関：児童相談所や市町村の家庭児童相談室（家庭児童相談員などの専門家が応じる福祉事務所に設置された相談室）などがある。

> 子どもや家庭が抱える個々の生活課題に対して，その人に必要なソーシャル・サポート・ネットワーク[2]づくりを行い，あるいはケース・マネジメントによる問題解決を志向し，かつサービス利用後の**関係調整**[3]等を行い，更に同種の問題が起きないように福祉コミュニティづくりをめざす一連の活動。
>
> （柏女，2008）

そして，保育所や保育士には，ソーシャルワークの知識と技術を援用しながら行う地域の子育て家庭への保護者支援という役割が求められている。地域子育て支援拠点で地域の子育て家庭への保護者支援を活発に行うことが期待され，その実践の質を高めていくことが課題になっている。

地域子育て支援拠点は，深刻な悩みを抱えた子育て家庭への**リーチアウト**[4]において，福祉事務所や児童相談所と連携協力して事実関係を把握する必要がある。特に，乳幼児がハイリスクであることを十分認識し，関係機関・専門職による要保護児童対策地域協議会等を通して，情報共有と支援ネットワーク化が図られる。

（3）子育て支援ソーシャルワークの方向性

子育てをしている親が地域社会から孤立し，子育て不安やストレスの増大が引き金となって，児童虐待やネグレクトなどを引き起こすことは看過できない社会的な課題である。それで，児童虐待によって家族・家庭が崩壊し，イルビーイング（ill-being：病理）が顕在化してきた時には，全体としての家族関係を健康化するためのファミリーソーシャルワークなどの，個人や家族の**ウェルビーイング**（well-being）[5]を促進する方向へ家族・家庭を支えるプログラムが必要になる（高橋，2007）。

保育士等の専門職は，ソーシャルワークなどの子育て家庭を支援するプログラムが，子どもと保護者の家族関係を健康化し，ウェルビーイングを促進する方向へ導くべきものであることを理解しておかねばならない。

3．ソーシャルワーク実践理論

子育て支援で援用されるソーシャルワークの実践理論の代表的なものとして，アメリカの児童家庭福祉分野において浸透しているペコラら（Pecora et al. 2009）の子ども家庭中心サービス理論と，日本のソーシャルワーク実践理論である岡村理論が挙げられる。

---

2 ソーシャル・サポート・ネットワーク：子育て家庭と関係する行政機関，施設，NPO などの社会的な子育て支援体制。

3 関係調整：生活課題・ニーズを把握して，資源・サービスとの関係性を調整すること（＝コーディネーション）。

4 リーチアウト：ニーズがあるにもかかわらず，サービスを利用していない家庭を訪問し，援助関係を形成しながら行う訪問型の支援。

5 ウェルビーイング（well-being）：個人の権利や自己実現が保障され，身体的，精神的，社会的に良好な状態を意味する概念。

(1) ペコラらによる子ども家庭中心サービス

ペコラらによる子ども家庭中心サービス理論は，家庭中心児童福祉の考え方に基づいているが，その理論においては，以下の4つの視点が示されている。

① エコロジーの視点：子どもと子育て家庭への支援において，子どもや親の行動や社会機能の一部に焦点をあてて分析するのではなく，子ども，家庭，保育所，地域などの環境を切り離さないで，広大な概念レンズによって捉えていく視点。

② コンピテンスの視点：子どもと子育て家庭が抱える生活上の問題やニーズを満たして，自己実現するプロセスにおいて，潜在的な力を引き出し，発揮できるように，強さ（ストレングス）を自覚し，自発的に環境へ働きかけて調整したり，抱えている問題を解決したりすることができる視点。

③ 成長・発達の視点：子どもの成長・発達課題を理解した上で，自己実現できるように子どものよさを引き出し，子どもの成長・発達にアプローチする視点。

④ パーマネンシーの視点：子どもの家庭環境が恒久的に維持されるように，子どもの育つ環境の安定性や継続性の視点から子どもを措置し，子どもの最善の利益を考慮した家庭環境を計画的に用意する視点。

(2) 岡村によるソーシャルワーク実践理論

岡村（1983）は，人と環境（制度・サービス）との関係を「社会関係」と呼び，社会関係こそが生活の本質的な条件であると述べている。その上で，社会生活上の困難や問題が生じる「社会関係」に着目し，援助の対象は，サービスを受ける個人や集団でも，個人や集団を取り巻く環境でもなく，人と環境との接点にある「社会関係」であるとしている。

この岡村理論に基づいた子育て支援に関して，芝野（2013）は，子どもと親の育ちを支援するために，利用者が最も必要とする時に最適なサービスに関する情報を提供し，確実に利用へと結びつける「人と環境の接点におけるマネジメント」が必要であることを指摘している。この「人と環境の接点におけるマネジメント」は，芝野によれば，子どもと子育て家庭が最も必要とする時に，それに応じたサービスを提供すべきであるため，子どもと子育て家庭のニーズと，そのニーズに対応したサービスを事前に把握しておく必要がある。

また，岡村によれば，「社会関係」には，把握できる客体的な制度的側

面と，捉えられない主体的な個人的側面の二重構造がある。そして，この二側面が相互に矛盾し，「社会関係」が両立しない事態を「社会関係の不調和」と名付けている。こうした「社会関係の不調和」を修復する社会福祉の働き・作用として，以下の5つのソーシャルワーク機能を挙げている。

① 評価的機能：生活者の生活困難にはどのような社会関係が含まれていて，どの社会関係のどの側面における困難が決定的意味を持つか明らかにした上で問題を解決するための支援計画立案と実施を伴う機能
② 調整的機能：ニーズとサービスが相互に矛盾ないし両立しない場合，これを調和させ，両立させるために行われるサービス調整機能
③ 送致的機能：ニーズに応じたサービスへとつなぐ機能
④ 開発的機能：制度・サービスがない場合に，新たに制度・サービスを作り出す機能
⑤ 保護的機能：児童虐待など緊急を要する場合において，衣食住の提供や身辺保護など保護する機能

なお，主体的な個人的側面と客体的な制度的側面があるソーシャルワーク機能に関して，山縣（2011）は，「子どもと家族（保護者）との間に入って社会関係の調整をおこなう場合には，岡村のいうように，両者は主体と客体という関係でとらえることが可能である。一方，一般の社会制度の利用等に関しては，子どもと家族は一体として主体となり，主体化した家族と社会制度との間の社会関係が調整されることになる」と述べている。

子どもと家族（保護者）は，主体であると同時に客体であり，子どもと家族が一体化した子育て家庭と社会制度は，主体であると同時に客体であるため，子どもと家族をめぐる「社会関係」は図8-1のように二重構造でとらえられるのである。

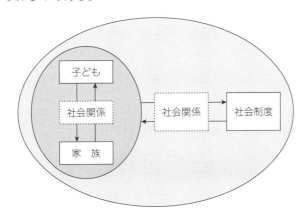

図8-1　子どもと家族をめぐる「社会関係」の二重構造
出典：山縣（2011：4）．

Ⅲ　子育て支援に援用されるソーシャルワーク

（3）ソーシャルワーク実践理論に基づいた子育て支援

　子どもの貧困，児童虐待，DV等の背景には，子どもと家族の心理的な課題とともに，家庭，保育所，地域子育て支援拠点，地域社会など子どもを取り巻く環境に課題があることも多い。こうした環境の課題は，さまざまな要因が複雑に絡み合い，特に，保育所や地域子育て支援拠点だけでは問題の解決が困難なケースも多く，積極的に関係機関等と連携して対応することが求められる。

　芝野（2015）は，**児童福祉法第21条の11**[6]に示された子育て支援総合コーディネートの役割は，人と環境との接点におけるマネジメントであり，ソーシャルワークそのものであると指摘している。

　そのため，子育て支援総合コーディネートにおいては，**エコマップ**[7]などに記載した家族，地域，関係者などから収集した情報に基づいて，子どもと子育て家庭のストレングス（強み）やそのような状態に至った背景について探るアセスメント（評価的機能）を行う必要がある。また，リーチアウトやアドボケイトにより，子育て家庭が潜在的に持っている力を引き出し，ニーズとサービスをつないだり（送致的機能），ニーズに応じたサービスへと調整したり（調整的機能）するソーシャルワークが期待される。

> **演習問題**
> 1．保育所で行われている子育て支援について，ポイントを挙げてみよう。
> 2．保育士がソーシャルワークを学ぶ必要性について，説明しよう。
> 3．ペコラらによる子ども家庭中心アプローチについて，まとめてみよう。

[6] 児童福祉法第21条の11　市町村は子育て家庭にとって最も適切な子育て支援事業を利用できるように斡旋や調整など相談助言するという子育て支援総合コーディネートの役割が明記されている。

[7] エコマップ　社会関係を示した生態地図であり，中央に家族の状況を書き，周りに家族を取り巻くさまざまな社会環境との関係や交互に作用し合う力関係を線の種類や矢印の方向などで表すマッピング技法。

引用・参考文献

岡村重夫（1983）『社会福祉原論』全国社会福祉協議会．

柏女霊峰・橋本真紀編（2008）『保育者の保護者支援——保育指導の原理と技術』フレーベル館．

厚生労働省（2018）『保育所保育指針解説』フレーベル館．

才村純（2005）『子ども虐待ソーシャルワーク論——制度と実践への考察』有斐閣．

芝野松次郎・小野セレスタ麻耶・平田祐子（2013）『ソーシャルワークとしての子育て支援コーディネート——子育てコンシェルジュのための実践モデル開発』関西学院大学出版会．

芝野松次郎（2015）『ソーシャルワーク実践モデルのD&D——プラグマティックEBPのためのM-D&D』有斐閣．

高橋重宏・山縣文治・才村純編（2007）『子ども家庭福祉とソーシャルワーク

第3版』有斐閣.
山縣文治（2011）「子ども家庭福祉とソーシャルワーク」『ソーシャルワーク学会誌』21：1-13.
Pecora, P. J., Whittaker, J. K., Maluccio, A. N., et al. (2009) *The Child Welfare Challenge : Policy, Practice, and Research*, Third Edition-Revised and Expanded, Aldine Transaction.

（新川泰弘）

コラム4　岡村理論と和辻倫理学

　日本における社会福祉学の発展を考えた場合，決定的に重要な役割を演じた人物の一人として，岡村重夫(1906-2001)の名前を挙げることができるであろう。彼は，東京帝国大学文学部倫理学科を卒業後，大阪市立大学，関西学院大学，佛教大学で教鞭をとり，晩年は大阪社会事業短期大学の学長を務めた。その独自の理論は，「岡村理論」と呼ばれ，これまでに批判をも含めたさまざまな議論を呼び起こしつつ，今日においてなおもその「継承と展開」が企てられている。

　この「岡村理論」によれば，社会福祉の固有性を明らかにする「キー概念」は，「社会関係の二重構造」である。その場合，「社会関係」とは，「すべての個人が生活上の要求を充足するために利用する社会制度とのあいだにとり結ぶ関係」であって，「社会制度の側から規定される客体的側面」と「生活主体者たる個人の側の条件によって規定される主体的側面」とが，「否定的に媒介されることによって統合される」という「二重構造」をもっている。そして，こうした社会関係の主体的側面に視点を据えて，社会関係の困難を生活困難として把握するところに，社会福祉固有の対象領域が開けるとされるのである。

　ところで，このような岡村理論，とりわけ「社会関係の二重構造」論の形成に大きな影響を与えたとされるのが，岡村みずからが「和辻先生」と呼ぶ，東京帝国大学文学部倫理学講座の担当者でもあった和辻哲郎(1889-1961)，特にそのいわゆる「和辻倫理学」にほかならない。和辻といえば，『古寺巡礼』や『風土』といった名著によって知られているが，哲学上の最大の業績は，独自の体系的な倫理学の構築にあると見ることができる。個人主義批判から出発する和辻にとって，そもそも「人」の「間」である「人間」は，個人的な「人」と同義ではなく，同時に「世の中」でもある。つまり，「世の中自身であると共にまた世の中に於ける人」である。したがって，人間存在は「世間性」と「個人性」の統一なのである。この「人間存在の二重性格」に和辻は倫理学の根本原理を見いだそうとしたのであるが，それを岡村は，「社会関係の二重構造」として，自身の社会福祉理論に取り入れたわけである。

　とはいえ，岡村理論と和辻倫理学の関係はそう単純ではない。同じく二重性といっても，岡村は，全体的契機へと傾斜する和辻には批判的であり，「個人の尊厳と自由」を強調する立場から，あくまでも「主体的側面」に視点を据える。いずれにしても，この二重性をどうとらえるかは，個人と共同体をめぐる近時の論争(たとえば，「リベラル・コミュニタリアン論争」)にも現れているように，依然としてわれわれに課せられている根本的な問題といえるのである。

参考文献
井上英晴(2013)『生と死の援助学──岡村重夫をメディウムとして』かもがわ出版.
右田紀久恵ほか(2012)『岡村理論の継承と展開』(全4巻)ミネルヴァ書房.
岡村重夫(1983)『社会福祉原論』全国社会福祉協議会.
和辻哲郎(2007)『人間の学としての倫理学』岩波文庫.
　　　　　　　　　　　　　　　　(宮野安治)

第9章　ソーシャルワークの定義

　保育士には，保護者自身も気づきにくい子どもの生活問題の把握とその解決のために，ソーシャルワークとしての支援が期待されている。このことは，2018（平成30）年に改訂された「保育所保育指針」の第1章「総則　1．保育所保育に関する基本原則」や第4章「子育て支援」などにも規定されている。本章では，保育士に期待されるソーシャルワークとは何か，そのことの理解を深めるため，ソーシャルワークの定義を学ぶ。

1．ソーシャルワークの定義（2002）

　2000（平成12）年にモントリオール総会で，国際ソーシャルワーカー連盟（IFSW）と国際ソーシャルワーク学校連盟（IASSW）によって，ソーシャルワークの国際的な定義が採択された。

> 　ソーシャルワーク専門職は，人間の福利（ウェルビーイング）の増進を目指して，社会の変革を進め，人間関係における問題解決を図り，人びとのエンパワーメントと解放を促していく。ソーシャルワークは，人間の行動と社会システムに関する理論を利用して，人びとがその環境と相互に影響し合う接点に介入する。人権と社会正義の原理は，ソーシャルワークの拠り所とする基盤である。

　さらに，国際ソーシャルワーカー連盟（IFSW）による定義の解説には，以下の内容が付け加えられている。

> 　さまざまな形態を持つソーシャルワークは，人びととその環境の間の多様で複雑な相互作用に働きかける。その使命は，すべての人びとが，彼らのもつ可能性を十分に発展させ，その生活を豊かなものにし，かつ，機能不全を防ぐことができるようにすることである。専門職としてのソーシャルワークが，焦点を置くのは，問題解決と変革である。従ってこの意味で，ソーシャルワーカーは，社会においての，かつ，ソーシャルワーカーが支援する個人，家族，コミュニティの人びとの生活にとっての，変革をもたらす仲介者である。ソーシャルワークは，価値，理論，および実践が相互に関連しあうシステムである。

　国際ソーシャルワーカー連盟（IFSW）の定義の特色は，① 実践を通して人間の福利の増進をはかることを目標としている。② 実践を通して人

1　ソーシャルワークの定義（2002）
　2000（平成12）年7月27日にモントリオールにおける総会において採択された定義である。日本語訳は日本ソーシャルワーカー協会，日本社会福祉士会，日本医療社会事業協会で構成するIFSW日本国調整団体が2001（平成13）年1月26日に決定をした定訳である。

間関係における問題解決と社会変革をはかる。③ 実践を通して人々のエンパワメントと解放を促す。④ ソーシャルワークの視点は，人と環境との相互作用にあり，その実践は，人と環境の相互作用に介入する。⑤ 人権と社会正義という価値を実践の拠り所とする，の5点に整理することができる。

また，中でもソーシャルワークの視点に着目した芝野（2015）は，「ソーシャルワークは常に人と環境の双方に視点を置き，その接点で援助を行うところに特徴がある。子どもだけを観るのではなく，子どもとその成長環境としての家庭を一体としてとらえる。さらに，子どもと家庭の環境である地域，また，法的，制度的な環境，法や制度に基づき自治体が提供するさまざまな事業，サービスをも子どもと家庭の環境としてとらえる。そうしたうえで，その接点，すなわち相互作用しあうところにおいて生じるさまざまな問題の解決を援助することになる」と定義している。

2．ソーシャルワークのグローバル定義（2014）

21世紀のソーシャルワークは，時代や社会状況によって変化，発展しており，どんな定義によっても，余すところなくすべてを言いつくすことはできない。そのため10年サイクルでソーシャルワークの定義は見直されることになっている。

2014（平成26）年7月には14年ぶりに，メルボルンにおける国際ソーシャルワーカー連盟（IFSW）総会及び国際ソーシャルワーク学校連盟（IASSW）総会において，新しい『ソーシャルワークのグローバル定義』が採択された。

ソーシャルワークのグローバル定義

ソーシャルワークは，社会変革と社会開発，社会的結束，および人々のエンパワメントと解放を促進する，実践に基づいた専門職であり学問である。

社会正義，人権，集団的責任，および多様性尊重の諸原理は，ソーシャルワークの中核をなす。

ソーシャルワークの理論，社会科学，人文学および地域・民族固有の知を基盤として，ソーシャルワークは，生活課題に取り組みウェルビーイングを高めるよう，人々やさまざまな構造に働きかける。

この定義は，各国および世界の各地域で展開してもよい。

3．グローバル定義の解説

　図9-1はソーシャルワーク専門職のグローバル定義の主な要素であり，多くの構成要素が示されている。

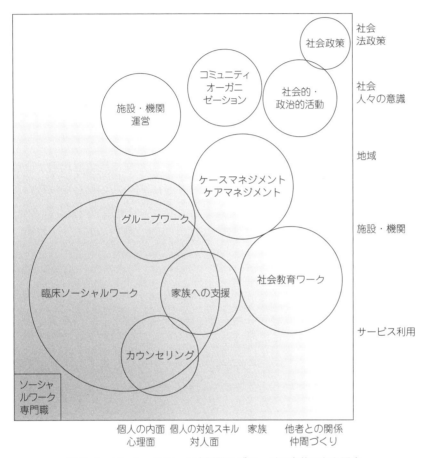

図9-1　ソーシャルワーク専門職のグローバル定義の主な要素
出典：福島喜代子「相談援助の定義と構成要素」社会福祉士養成講座編集委員会編『新・社会福祉士養成講座第3版6　相談援助の基盤と専門職』中央法規，2015：25．

　ソーシャルワーク専門職は，さまざまな原理や知を基盤にして，人々や構造に働きかけることによって，「社会変革」「社会開発」「社会的結束」「人々のエンパワメントと解放」を促進する。このことに関連して，空閑（2016）は，これらの「社会変革」「社会開発」「社会的結束」「人々のエンパワメントと解放」をソーシャルワークの中核業務と位置づけている。その上で，誰もが社会の一員として，その権利が尊重され，差別や抑圧また排除されることなく過ごせるために，その働きかけを主に子どもたちに行うような社会のあり方が，制度的にも政策的にも重要視されると指摘し，

ソーシャルワークの役割は，人々の相互のつながりと自由で主体的な生活環境の整備に努めることと述べている。

　ソーシャルワークの働きかけの目的は，生活課題に取り組んでいくことによって，人々のウェルビーイングを高めることにある。なお，この定義にある「エンパワメント」とは，人々が潜在的にもっている力を引き出すことによって，生活課題の解決を図ることができるようにすることである。また，ウェルビーイングとは，健康などの身体的状態や精神的，経済的状態が満足できる，望むような状態であることを指していると思われる。

　定義の中の「社会正義」「人権」「集団的責任」「多様性尊重」はソーシャルワークの原理・原則を表している。

　「社会正義」とは，社会に正義があることである。人々の間に不公平がなく，一人ひとりの人の社会からの扱われ方が理にかなったものであることをいう。ソーシャルワークは，「社会正義」の原理に反する状態に敏感であり，そのような状態がある場合には，社会に対しての働きかけを行う。「人権」とは，人が人として生まれながらにもっている権利のことである。ソーシャルワークは，人権が守られていない状態に敏感であり，人権が守られていない状態がある場合には，個人の「人権」が守られるように働きかけを行う。

　以上のようにソーシャルワークは，社会そのものがよりよいものとなることを志向し，かつ一人ひとりの人間が価値ある人間として，尊重され，尊厳を保持していけることを志向する。

　「集団的責任」とは，自分が生活する地域や所属する場所に対して人々が互いに責任をもつということであり，そこが一人ひとりを大切にする地域や場所であるように互いに協力するという責任である。そのための関係づくりが重要であるということを意味する。

　「多様性の尊重」とは，一人ひとりの違いを認め，その違いを大切にすることをいう。「多様性の尊重」は一人ひとりが世界に一人だけの固有な存在であることが認められ，その一人ひとりの権利が認められることに基づいている。

　ソーシャルワークは「実践する専門職」でもあり，「学問」でもある。その研究では関係するさまざまな社会科学，人間科学の理論も活用する。さらにソーシャルワークはそれぞれの国や地域の文化に共有されているさまざまな知からも学ぶものである。植民地主義の影響によって，先住民の知識はその価値を過小評価され，西洋の知識や理論が支配的であった。今回採択された，新しいソーシャルワークのグローバル定義は，西洋の人々と西洋以外の人々とともにつくり出され，ローカルにも国際的にもより適

切に実践されていくことが期待されている。

> **演習問題**
> 1．2002年のソーシャルワークの定義の特色をまとめてみよう。
> 2．ソーシャルワークのグローバル定義への変更されたポイントを整理してみよう。
> 3．ソーシャルワークの定義に関連して，今後どのような分野の学習をしておくことが大切か考えよう。

引用・参考文献

空閑浩人（2016）『シリーズ・福祉を知る 2　ソーシャルワーク』　ミネルヴァ書房.

才村純・芝野松次郎・松原康雄編著（2015）『MINERVA 社会福祉士養成テキストブック13　児童や家庭に対する支援と子ども家庭福祉制度』　ミネルヴァ書房.

社会福祉士養成講座編集委員会編（2015）『新・社会福祉士養成講座第 3 版 6　相談援助の基盤と専門職』　中央法規.

（安田誠人）

コラム5　ケースマネジメント

　地域に必要な福祉サービスがあっても、利用者はそのサービスの存在を知らなかったり、知っていてもうまく利用できないということがある。ケースマネジメントはこのような問題を解決するために、1960年代に米国で生まれた対人援助の理論的な方法である。

　Rubin（1987）によると、ケースマネジメントは、①アセスメント（情報収集と分析）、②プランニング（計画）、③リンキング（つなぐ）、④モニタリング（様子をみる）を行い、必要があればプランの変更を行うという援助プロセスによって実施されている。中でも、利用者が必要なサービスにたどりつけないという問題を解決するために、リンキング（つなぐ）という機能は要となる。

　長く、わが国の子育て支援でも、子育て家庭にとって既存のサービスがわかりにくかったり、利用しにくかったりという問題があり、それぞれの子育て家庭が適切に必要とするサービスにたどりつけるように援助することの重要性が指摘されてきた。そこで、子ども・子育て支援法（平成24年法律第65号）59条第1項に基づいて利用者支援事業が法定化され、2014（平成26）年度から各自治体で実施されはじめた。利用者支援事業には、基本型、特定型そして母子保健型の3つの形態があるが、基本型は、あらゆる子育て支援サービスと利用者をつなぐ利用者支援と、そのための地域連携をするもので、わが国の子育て支援にケースマネジメントを導入しようと試みたものであるといえる。

　利用者支援事業は、子育て家庭が必要なサービスを利用できるようにするために重要な事業であるが、新しい事業であるために、そもそもこの事業自体が子育て家庭に十分浸透しておらず、未実施の自治体もある。また、事業を実施する側にとってもノウハウの蓄積などがなく、利用者支援事業を担う現場の利用者支援専門員は手さぐりで実施している状況にある。たとえば、滋賀県東近江市では、利用者支援事業基本型を子育てコンシェルジュ事業と名づけ、2015年度から実施している。子育てコンシェルジュは、市内の子育て支援センターで、つどいの広場担当の職員とともにつどいの広場を利用している親子と接し、普段の何気ない会話を大切にすることで援助関係を構築し、必要な時に適切にサービスにつなぐことができるようにしている。しかしながら、子育てコンシェルジュが、ケースマネジメントを担う専門職として、他の子育て支援にかかわる人材や利用者に十分に認知されていない中で、他の専門職との役割分担をどのように実施していくかなどの課題に直面している。

　利用者支援事業が子育て家庭に必要なサービスに「つなぐ」ケースマネジメントの役割を担う事業として発展していくためには、社会的に専門職として認められ、環境やシステムが整備される必要がある。

参考文献
Rubin, A. (1987) "Case Management," *Social Work*, 28(1): 49-54.
榎本祐子（2016）「利用者支援事業基本型の実際と課題——東近江市子育てコンシェルジュ事業の取り組みから」『滋賀大学教育学部紀要』66：55-67.
厚生労働省雇用均等・児童家庭局（2015）「「子育て世代包括支援センター」と利用者支援事業等の関係等について」資料.
平田祐子（2015）『ケースマネジメントによる子育て支援コーディネート——効果的なサービス提供のために』ミネルヴァ書房.

（榎本祐子）

第10章　ソーシャルワークの原則

本章では，ソーシャルワークという対人援助活動を成り立たせる根本的な原則（法則）として「バイスティックの7原則」を紹介し，それぞれの原則について説明をする。

1．対人援助活動とバイスティックの7原則

バイスティック[1]は，その著書『ケースワークの原則』（原著，1957）の中で，「関係を形成する具体的な技術を抜きに，知識だけでは援助関係を十分に形成することはできない。」と述べている。つまりこれは，ソーシャルワークという対人援助の実践を円滑に進めていくためには，援助者が援助に関する知識にのみ精通しているだけでは不十分であって，援助者と援助の利用者との間に信頼関係を形成することができる技術を有しているのが不可欠であることを意味している。

このことは保育者の子育て支援においても決して例外ではない。特にソーシャルワークの基礎であるケースワーク（保育場面でいうならば，保育者による保護者への個別の援助）においては，保育者と保護者との間に信頼関係が形成されていることが，その援助の質と効果に決定的な影響を与えることになるのである。

援助者が，援助相手との間に信頼関係を形成し，適切な援助関係を構築しながら円滑に援助を展開していくための心得として，バイスティックによってまとめられたものが，「バイスティックの7原則」である。以下においては，それらの7つの原則を一つひとつ取り上げ解説していくこととする。

[1] バイスティック（Biestek, P. F.）1912～1994。イエズス会司祭。社会福祉学博士。アメリカのロヨラ大学にて教鞭をとった。

2．バイスティックの7原則の内容

（1）クライエントを個別としてとらえる
（個別化の原則）

一人ひとりのクライエント（相談者）がそれぞれに異なる独特な性質をもっていると認め，それを援助者が理解することである。また，クライエント一人ひとりがより良く適応できるよう援助する際には，それぞれのクライエントに

Ⅲ　子育て支援に援用されるソーシャルワーク

> 合った援助の原則と方法を適切に使いわけることである。これは，人は一人の個人として認められるべきであり，単に「一人の人間」としてだけではなく，独自性をもつ「特定の一人の人間」としても対応されるべきであるという人間の権利にもとづいた援助原則である。

　援助者には，以前に似たような内容の相談を受けたことがあろうとも，その過去の経験を「今，ここで」扱っている相談内容や相談者に重ねてしまうことなく，自分の目の前にいる相談者とその相談内容は唯一無二で独自であることを意識しながら，それらにかかわることが求められる。相談者が，自分が大切に扱われていると感じることができたときに，初めて援助者に対する信頼感が芽生えはじめるのである。援助者はこのことを常に自覚しながら援助の実践にあたることが大切である。

（2）クライエントの感情表現を大切にする
　　　（意図的な感情表出の原則）

> 　クライエントが彼の感情を，とりわけ否定的感情を自由に表現したいというニードをもっていると，きちんと認識することである。ケースワーカー（援助者）は，彼らの感情表現を妨げたり，非難するのではなく，彼らの感情表現に援助という目的をもって耳を傾ける必要がある。そして，援助を進める上で有効であると判断するときには，彼らの感情表出を積極的に刺激したり，表現を励ますことが必要である。

　援助者は，悲しみや怒り，不安などといった否定的感情を他者にあらわにするのは必ずしも容易くはないことをまず理解しておかなければならない。つまり，相談者の心の内側では，感情を自由に表現したいという欲求（ニード）がある一方で，それを表現することへの恐れや不安，恥ずかしさなどがあって，葛藤状態にあることを認識しておくことが重要である。その上で，援助者は，相談者のニードが適切に満たされるよう，どのような感情も自由に表現することができるための関係や環境を形成し，相談者にとって「安全な場」をつくり，援助者自身が「安全な存在」となることを心がける必要がある。

（3）援助者は自分の感情を自覚して吟味する
　　　（統制された情緒的関与の原則）

> 　ケースワーカーが自分の感情を自覚して吟味するとは，まずはクライエント

2　援助者は「感情」とは何であるかを正しく理解しておくことが重要である。否定的感情を良くない感情としてしまうのではなく，どのような感情もすべて大切な意味を持っており，その人自身の一部であると理解することが基本的あり方として求められる。

> の感情に対する感受性をもち，クライエントの感情を理解することである。そして，ケースワーカーが援助という目的を意識しながら，クライエントの感情に，適切なかたちで反応することである。

　この原則は，相談者の感情に向けられる援助者の「感受性」「理解」「反応」という3つの要素から構成されている。

　援助者の感受性とは，相談者の感情を言語的，非言語的側面からよくよく観察し，また相談者の話を深く傾聴することである。傾聴することにより初めて援助者は相談者の感情を相談者とその人の問題との関連性のなかで理解することが可能になる。その上で，「私はこのようにあなたの感情を理解した（聴いた）」という反応を示す必要がある。特にこの援助者の反応においては慎重さが求められる。

　具体的には，相談者が投げかけてくるさまざまな感情に対して過度に共感してしまい冷静さを失って（相手の感情に巻き込まれて）怒りを覚えたり，不安になったりするのではなく，また逆に，援助者が相談者の抱く感情との間に内面的な距離を取りすぎて共感・温かみに欠けるのでもなく，内面的に相談者との間に適切な距離感を保ちながらも，情緒的なつながりを維持しつつ援助を行っていくことが求められるのである。

（4）受け止める
（受容の原則）

> クライエントを受け止めるという態度ないし行動は，ケースワーカーが，クライエントの人間としての尊厳と価値を尊重しながら，彼の健康さと弱さ，また好感をもてる態度ともてない態度，肯定的感情と否定的感情，あるいは建設的な態度および行動と破壊的な態度および行動などを含め，クライエントを現在のありのままの姿で感知し，クライエントの全体に係わることである。

　ここで大切なことは，受容とは相談者を受け止めることであって，ただやみくもに相手の言動に同意したり，それを許容したりする，つまり何もかもを良しとして受け入れるのではないということである。そうではなく，むしろそれらの言動も相談者の現時点でのありのままの状態であり，彼・彼女の一部分であるとして，良し悪しの判断を抜きに，そのままの状態を認めるということである。

　真に相手を受け止め，適切でより良い援助を実践するためには，援助者は相談者の言動の表層的な部分だけに目を奪われてしまうのではなく，その人がそのような言動をとる理由は何であるのか，そのような言動をとる

ことによって一体何を得ようとしているのか（何を満たそうとしているのか）といった，より深い部分にある事柄に目を向け，理解に努めることが必要不可欠である。

（5）クライエントを一方的に非難しない
（非審判的態度の原則）

> ケースワーカーは，クライエントに罪があるのかないのか，あるいはクライエントがもっている問題やニーズに対してクライエントにどのくらい責任があるのかなどを判断すべきではない。……（中略）……クライエントを一方的に非難しない態度には，ワーカーが内面で考えたり感じたりしていることが反映され，それらはクライエントに自然に伝わるものである。

　援助者が相談者を自らの価値観や"常識"といったものさしで計り，一方的に非難・批判することは，対人援助の基盤である信頼関係の形成を妨げることになることは明白である。受け止めること（受容の原則）ともつながるが，どのような自分であったとしても非難されず，受け止められていると感じたときに，人は初めてその心を開き，相手に対して信頼感を抱き始めるものである。

（6）クライエントの自己決定を促して尊重する
（クライエントの自己決定の原則）

> ケースワーカーが，クライエントの自ら選択し決定する自由と権利そしてニーズを，具体的に認識することである。また，ケースワーカーはこの権利を尊重し，そのニーズを認めるために，クライエントが利用することのできる適切な資源を地域社会や彼自身のなかに発見して活用するよう援助する責務をもっている。さらにケースワーカーはクライエントが彼自身の潜在的な自己決定能力を自ら活性化するように刺激し，援助する責務ももっている。しかし，自己決定というクライエントの権利は，クライエントの積極的かつ建設的決定を行う能力の程度によって，また市民法・道徳法によって，さらに社会福祉機関の機能によって制限を加えられることがある。

　援助者は，援助の方針，援助プランの立案，援助内容の決定をするのは援助者ではなく，相談者自身であること，また，一人ひとりの相談者にとってオーダーメイドの援助が相談者の意思と自己決定権とによって行われていくことを明確に理解しておく必要がある。援助者が自らのもつ理想や願望を相談者に投影してしまい，相手がそのような姿（状態）になるよ

うコントロールしようとする落とし穴（誘惑）におちいることなく，相談者本人が何を望み，どのような自分になりたいとしているのか，そのためにどのようなコースを歩むことを選ぼうとしているのか，それらを尊重する基本的姿勢をもつことが重要である。

　その一方で，すべてを相談者任せにしてしまうということではないということも理解しておく必要がある。相談者の選択が明らかに好ましくない結果につながる可能性が高いと判断される場合には，相談者自身にとってベター（better）な判断と選択ができるよう，予測されるリスクや結果について洗い出して話し合い，必要な情報を提供しつつ根気強く援助することが重要である。

（7）秘密を保持して信頼感を醸成する
（秘密保持の原則）

> 　クライエントが専門的援助関係のなかでうち明ける秘密の情報を，ケースワーカーがきちんと保全することである。そのような秘密保持は，クライエントの基礎的権利にもとづくものである。つまり，それはケースワーカーの倫理的な義務でもあり，ケースワーク・サービスの効果を高める上で不可欠な要素でもある。しかし，クライエントのもつこの権利は必ずしも絶対的なものではない。なお，クライエントの秘密は同じ社会福祉機関や他機関の他の専門家にもしばしば共有されることがある。しかし，この場合でも，秘密を保持する義務はこれらすべての専門家を拘束するものである。

　相談者が自分自身の個人的な困りごとや，生活の実態などについて援助者にうち明けるとき，それらの個人情報が外に漏れることなく守られてこそ，その援助の場は安全な場となり，信頼関係が形成され，適切な援助が円滑に展開されていく。もし，援助者が安易に，またはその不注意によって相談者の情報を外に漏らせば，それは，対人援助専門職としての倫理的な問題だけではなく，援助関係を根底から壊してしまうことになる。

　しかし，援助を進めて行くなかで，複数の援助専門職がチームとなってその援助を展開していくこともあり，他機関との連携が必要な場合もあるため，そのようなときには，相談者から同意を得た上で，援助者間での適切な情報の共有が図られる。

　また，① 相談者が自分自身に危害を加える，② 相談者が他者に危害を加える，③ 相談者が他者から危害を加えられる，というような，相談者あるいは他者に危険が及び，命の保全に対して高いリスクが生じる可能性があると判断される場合には，必要な機関への通告や第三者との連携など

により，相談者の秘密が外部の機関・人物と共有されることになる。援助者は，命の保全を最優先とし，秘密保持（守秘義務）が絶対的ではないことを理解しておくことが重要である。

3．援助者としての保育者

　本章の冒頭においても述べたが，どんなに豊富な知識をもっていたとしても，その知識を具体的な形として適切に活用する術を身につけていなければ，それらは決して豊かな実を結ぶことにはならない。援助者として援助の知識と技術をバランスよく身につけることが重要である。さらに言うならば，援助の知識・技術は，援助者の人間性等を含む援助者のあり方を土台としていることを理解する必要がある。つまり，援助の実践において最も重要な要素は，「援助者自身」なのである。
保育者の場合も，保育における子育て支援などの援助において，単に相談者の生活や人間関係のみではなく，自分自身の生き方や人間関係にも目を向けることが必要である。なぜならば，援助者である保育者自身も，その援助関係に，自らの日頃のあり方や人間関係の持ち方を持ち込んでいるからである。

　相談者との間に信頼関係を形成し，有用な援助を展開していくためには，保育者自身が，みずからの日頃の人間関係に目を向け，それを深く吟味する必要がある。バイスティックの7原則は，全体を通して，「援助者よ，汝自身を知れ」ということを，保育者という対人援助専門職にも語りかけているのである。

演習問題

1．ペア（またはグループ）になって，バイスティックの7原則について互いに説明し合い，正しく理解ができているかを確認し合ってみよう。
2．ペア（またはグループ）になって，それぞれがバイスティックの7原則のなかで，現時点においてすでに実施可能な原則と，実施に努力を必要とする原則は何であるか，またなぜ努力が必要なのか，その理由について話し合ってみよう。
3．ペア（またはグループ）になって，保育者として保護者との信頼関係を形成することに向けて，日頃からの他者との関係づくりのための工夫や大切だと思う姿勢（態度）について話し合ってみよう。

引用・参考文献

F・P・バイステック，尾崎新・福田俊子・原田和幸訳（2006）『ケースワークの原則　新訳改訂版　援助関係を形成する技法』誠信書房．

Cloud, H., Townsend, J. (2009) *Safe People: How to Find Relationships That Are Good for You and Avoid Those That Aren't*, Zondervan.

（小山　顕）

第11章 ソーシャルワークの倫理

保育者には，実践現場に耐えうるだけの子どもの発達や保育理論などに関する知識，それらに即したコミュニケーションスキルや子どもへの保育技術，また保護者に対する保育相談支援技術が求められている。それらは，子どもや保護者との人格的接触によって展開される基本的態度がなければ，子どもや保護者の成長や安心感につながっていかない。本章では，保育者の専門性のうち，子ども家庭支援や子育て支援に関する知識や技能を根底から支える，ソーシャルワークの倫理について理解を深める。

1 保育者の専門性：全国保育士養成協議会専門委員会（2013）は『平成24年度専門委員会課題研究報告書』において，保育者の構成概念として，保育者基礎力を基盤とする，態度，知識，技能を3つの要素として挙げている。本章で述べている価値や倫理は，この態度に結びつくものと考えて読み進めてほしい。

1. 保育者の子ども家庭支援を支えるソーシャルワークの価値と倫理

子ども家庭支援や子育て支援の場面では，保育者もソーシャルワーク（social work）の知識や技能を援用することがある。また，ソーシャルワークの専門機関や専門職と連携・協働することにより保育課題の解決を目指すこともある。その時に必要なことは，ソーシャルワークの価値と倫理に対する深い理解と洞察である。

（1）ソーシャルワークの価値の実現としての倫理

ソーシャルワークは，人とその人を取り巻く環境に介入して行う実践活動である。対象は，ある状況に巻き込まれて生活課題を抱えている人である。その中で生きづらさや苦痛を体験している個人や家族であり，個人や家族の生活圏としての地域である。

ソーシャルワーク実践は，対人援助専門職である人がクライエントと呼ばれる人に対して，ある価値判断に基づいて展開していく支援行動である。実践のさまざまな局面で，専門職として一定の判断が求められることとなる。「価値」とは，その時専門職が大切にしようとしている考え方のものさしになるものであり，専門職が有する価値観は援助行動そのものに影響を与えていることとなる。「倫理」とは，そうした考え方に基づいて行われる専門職としての行動の指針となるものである。

専門職としてある判断が求められるとき，また専門職としてのアプローチに迷いが生じたとき，自らの専門性を問い直し，専門職としての自己が信じる「価値」と「倫理」に立ち戻らなければならない。このように，専

門職と専門性²は深い関係にある。

(2) 保育者にソーシャルワーク倫理が求められる背景

現代社会においては、さまざまな生活課題や保育課題が山積している。子育て不安、虐待、障がい、貧困、ひとり親家庭、外国籍の子育て家庭など、保育者個人の判断だけでは対応することが困難な、特別な配慮を必要とする家庭のケースも増えている。また、従来の**社会福祉六法**³の枠組みでは対応しきれない生活課題へ対応するために、**地域を基盤としたソーシャルワーク**⁴実践のあり方が実践・研究の課題のひとつとして問われている。

こうした社会背景のなかで、保育者が子ども家庭支援・子育て支援を展開していくにあたって、その拠り所となる態度、知識、技能の体系はソーシャルワークである。このような意識を忘れずに保育実践に取り組む、保育者であってほしい。

(3) 倫理綱領に支えられる保育・福祉の専門職が行う実践

専門職として社会的に認知されるためには、行動の基準となる価値や倫理を明文化したものが必要である。その専門職であれば、誰もが共通して大切にしたいことであると認識でき、わかり合える、専門職の共通言語で語られる文脈と考えてよい。それが「**倫理綱領**」⁵と呼ばれるものである。次に、保育者が理解しておきたい2つの倫理綱領を取り上げる。ソーシャルワーカーの倫理綱領（または、社会福祉士の倫理綱領）と全国保育士会倫理綱領である。

保育者の主たる業務はソーシャルワークを実践することではないが、子ども家庭支援や子育て支援において相談援助が必要とされる場面にあっては、ソーシャルワークの価値と倫理を実践の根底に据える必要がある。また、子どもの最善の利益を実現するために保育者倫理にのっとった行動をとる必要が生じる。そのため、ここで取り上げる2つの倫理綱領は心に留めておきたいところである。

2. ソーシャルワーカーの倫理綱領／社会福祉士の倫理綱領に学ぶ

現行の「ソーシャルワーカーの倫理綱領」は、日本におけるソーシャルワーカー職能4団体⁶により、国際ソーシャルワーカー連盟（IFSW）⁷が2000（平成12）年に採択した「ソーシャルワークにおける倫理：原理についての表明」を元に、2005（平成17）年5月21日に策定されたものである。

---

2 専門職と専門性：ある固有の専門的技能や知識、価値や倫理が求められる資格を得る者を「専門職」と呼んでいる。専門職は自らが有する「専門性」を言語化し、社会的信用を得るため弛まず努力する責務を負っているといえる。

3 社会福祉六法：対象者別に編まれた法律の枠組みで、生活保護法、児童福祉法、身体障害者福祉法、知的障害者福祉法、母子並びに父子及び寡婦福祉法、老人福祉法、の各法律を指している。

4 地域を基盤としたソーシャルワーク：多様なニーズを有するクライエントの生活基盤は、地域にある。そのため、地域の特性や地域の社会資源を活用した新たな仕組みを作る必要性が高まってきたことから、地域を基盤としたソーシャルワークが注目されるようになった。

5 倫理綱領：社会福祉士や保育士が活動する場はさまざまな領域に広がっている。どのような領域であったとしても、同じ資格を有する者として、共通して認識しておくことが必要な行動指針を明文化したものである。

これに基づき，4団体のうち日本社会福祉士会は，2005年6月3日に開催された第10回通常総会において，「社会福祉士の倫理綱領」を改訂，採択している。

(1) 前文および価値と原則

「前文」でまず，すべての人が「人間としての尊厳」を有する「価値ある存在」であることを確認している。そして，「人権と社会正義の原理に則り，サービス利用者本位の質の高い福祉サービスの開発と提供に努めることによって，社会福祉の推進とサービス利用者の自己実現をめざす専門職」であることを宣言し，そのめざすところを明らかにしている。

また，「価値と原則」で挙げているのは，「人間の尊厳」「社会正義」「貢献」「誠実」「専門的力量」である。どのような状況に置かれたとしても，すべての人間をかけがえのない存在としてとらえる「人間の尊厳」を挙げている。これは，ソーシャルワークにおいて，揺らぐことのない基本的人間観を示している。そして，この人間観を具現化するためには，「自由」「平等」「共生」に基づく「社会正義」の実現をめざすことが必要になる。ソーシャルワークの対象は，自由が奪われてきた人であったり，差別に晒されてきた人であったり，現代社会のしくみのなかで何らかの生きづらさを感じてきた人であったりする。

ソーシャルワーカーとしての社会福祉士は，こうした生活課題を解決するために常に自己研鑽し，持続的に専門性を高める努力をしなければならない。

(2) 倫理基準

「倫理基準」は，ソーシャルワーク実践における道標として，行く道を照らしてくれるものであり，次の内容で構成されている。

　Ⅰ．利用者に対する倫理責任
　Ⅱ．実践現場における倫理責任
　Ⅲ．社会に対する倫理責任
　Ⅳ．専門職としての倫理責任

「利用者に対する倫理責任」では，クライエントと築かれる援助関係を大切にしようとする社会福祉士の姿が記述される。利用者の利益の最優先，受容，説明責任[8]，利用者の自己決定の尊重，利用者の意思決定能力への対応，プライバシーの尊重，秘密の保持，記録の開示，情報の共有，性的差

---

[6] ソーシャルワーカー職能4団体：日本においてソーシャルワーカーとして認知されている職域で組織される4つの団体であり，国際ソーシャルワーカー連盟に加盟する次の団体を指している。
・日本ソーシャルワーカー協会
・日本医療社会事業協会
・日本社会福祉士会
・日本精神保健福祉士協会

[7] 国際ソーシャルワーカー連盟（International Federation of Social Workers）：1928年にパリで組織された，ソーシャルワーカーの国際的な組織である。2014年7月に開催された総会で，14年ぶりとなる「ソーシャルワークのグローバル定義」を発表し，採択している。

[8] 説明責任：「アカウンタビリティ（accountability）」と呼ばれる。専門職や専門機関・施設として，クライエントや社会に対して，行動の意図するところや決定に至る経緯などを丁寧に説明する責任を負うことを指している。

別や虐待の禁止，権利侵害の防止，で構成されている。

「実践現場における倫理責任」は，社会福祉士が有する専門知識や技能を駆使して最良の実践を行うことが責務として記述される。そして，他の専門職との連携・協働，実践現場と綱領の遵守，業務改善の推進，で構成されている。

「社会に対する倫理責任」では，ソーシャル・インクルージョン[9]を目指して，地域社会や国際社会へ働きかける社会福祉士の姿が示される。

「専門職としての倫理責任」は，専門職としての実践をクライエントや地域住民，他の専門職に伝えることにより社会的信用を高めようとする社会福祉士の姿をはじめとして，信頼失墜行為の禁止，社会的信用の保持，専門職の擁護，専門性の向上，教育・訓練・管理における責務，調査・研究，で構成される。

そして，社会福祉士の倫理綱領に基づく「社会福祉士の行動規範」が示されており，日本におけるソーシャルワーク実践を行う上で従うべき基準となっている。判断に迷いが生じるときに拠り所となるべきものである。

（3）ソーシャルワーク実践と倫理的ジレンマ

ソーシャルワーク実践では，倫理的ジレンマ[10]による葛藤を取り扱う場面に直面することがある。たとえば，利用者に対する倫理責任に「受容」と「利用者の自己決定の尊重」がある。受容のためにはまず，肯定的に耳を傾け，共感することが必要であるといわれるが，クライエントが導き出す自己決定が，クライエント自身や他者を傷つけ，新たな人権侵害を引き起こす可能性がある時，ソーシャルワーク倫理の間で葛藤する状態が起こることになる。

川村（2002）は，ソーシャルワーク実践におけるジレンマの構造について，少なくとも，① 自分の価値観とソーシャルワーク倫理，② 自分の価値観とクライエントの倫理観，③ 自分の価値観と同僚・ほかの専門職との価値観，④ 自分の価値観と所属する組織の価値観，⑤ ソーシャルワーク倫理同士，⑥ 社会環境（時間・資源の制限）によって生じるもの，が考えられるという。

倫理的ジレンマが生じることは不思議なことではない。むしろ，葛藤と向き合い，専門職としてどのようにあろうとするか苦悶し，倫理的ジレンマを解決しようとする過程において，ソーシャルワーク専門職は磨きをかけられるといってよい。

9　ソーシャル・インクルージョン（social inclusion）：「社会的包摂」と訳される。地域社会で生活するすべての人々を，排除，孤立化させることなく包含する社会システムを目指す考え方である。

10　倫理的ジレンマ：2つ以上の相容れない倫理的根拠の間で，板挟みになっている状態を指している。ソーシャルワーク実践の対象は，人とその人が置かれている状況であるだけに，複数の価値観・倫理観の間で判断に迷いが生じ，揺れ動くことが避けられない。この倫理的ジレンマの解決が実践のひとつの課題となっている。

3．全国保育士会倫理綱領（2003年）に学ぶ

「全国保育士会倫理綱領」は，全国社会福祉協議会，全国保育協議会，全国保育士会の連名で作成され，2003年（平成15）に発表された。その内容は，前文と8つの行動原理によって構成されている。

（1）前　文

前文では，「すべての子どもは，豊かな愛情のなかで心身ともに健やかに育てられ」ることによって，「自ら伸びていく無限の可能性」を持っていることが述べられる。その可能性の芽を育むために保育士は，「子どもが現在（いま）を幸せに生活し，未来（あす）を生きる力を育てる保育に誇りと責任をも」つことが明らかにされる。これにより，保育士の決意が社会的意義をもって表明される。保育という営みは，保育者と，子どもや保護者との，人格的接触によって成り立っているといえよう。だからこそ保育者には，前文で述べられるように，「自らの人間性と専門性の向上」に努める不断の努力が求められており，「一人ひとりの子どもを心から尊重する」姿勢を備えることが欠かせない。

これらを前提として，保育士の実践における3つの宣言が述べられる。

> 私たちは，子どもの育ちを支えます。
> 私たちは，保護者の子育てを支えます。
> 私たちは，子どもと子育てにやさしい社会をつくります。

保育士の業務は，子どもに対する保育実践だけではなく，子どもと保護者の関係性を支えること，子どもの育ちや保護者の子育てを見守ることができる地域社会づくり，をも視野に入れているのである。これらを実現していくために，保育者には「人間性と専門性」を備える社会的責任がある。

（2）8つの行動原理

全国保育士会倫理綱領に示される，① 子どもの最善の利益，② 子どもの発達保障[11]，③ 保護者との協力，④ プライバシーの保護，⑤ チームワークと自己評価，⑥ 利用者の代弁，⑦ 地域の子育て支援，⑧ 専門職としての責務，といった8つの行動原理では，専門職としての保育士に求められる行動の指針が明らかにされている。

前文を培養土とするならば，8つの行動原理は保育職の社会的認知を高めるための苗にたとえることができる。どれだけ優れた実技能力があった

11　子どもの発達保障：「発達保障」の考え方は，知的障がい児の療育にその生涯を捧げた糸賀一雄（1914-1968）の思想のひとつとしても知られる。子ども一人ひとりが有する発達の可能性を引き出し，成長へのニーズを充足させることが，保育・教育であるとする考え方である。

としても前文に表されるような人間性と専門性という培養土がなければ，8つの苗は育っていかない。

（3）保育実践における倫理綱領の課題

倫理綱領は，子どもの最善の利益の実現に向けた，保育者の共通した思いであることに疑う余地はない。しかしながら私たちは，保育の現場で起こる事件や事故の報道もたびたび目にしている。保育現場が抱える生活課題や保育課題の多様性を前に，進むべき道に迷いが生じた時は，いつでも倫理綱領の精神に立ち戻ることができるよう日々研鑽することが保育者に求められている。そしてそれは，組織としても，保育者を支えるという視点から取り組んでいかなければならない課題だといえる。

> **演習問題**
> 1. 保育者がソーシャルワークの倫理について学ぶのはなぜか，その理由について考えてみましょう。
> 2. あなたが子どもを育てる立場だと想定して，保育者にどのようなことを大切にしながら，子どもや保護者とのかかわりを築いてほしいと願いますか。
> 3. 「社会福祉士の倫理綱領」「全国保育士会倫理綱領」について詳細を調べてみましょう。また，調べた内容を参考にしながら，あなたが思い描く保育者の倫理や行動基準をリスト化し，グループで吟味してみましょう。

引用・参考文献

柏女霊峰監修，全国保育士会編（2018）『改訂2版　全国保育士会倫理綱領ガイドブック』全国社会福祉協議会.

川村隆彦（2002）『価値と倫理を根底に置いたソーシャルワーク演習』中央法規.

国際ソーシャルワーク学校連盟（IASSW）・国際ソーシャルワーカー連盟（IFSW）・社団法人日本社会福祉教育学校連盟（2009）『ソーシャルワークの定義　ソーシャルワークの倫理：原理についての表明　ソーシャルワークの教育・養成に関する世界基準』相川書房.

全国保育士養成協議会専門委員会（2013）『平成24年度専門委員会課題研究報告書「保育者の専門性についての調査」——養成課程から現場へとつながる保育者の専門性の育ちのプロセスと専門性向上のための取り組み』全国保育士養成協議会.

仲村優一監修，日本ソーシャルワーカー協会倫理問題委員会編（1999）『ソーシャルワーク倫理ハンドブック』中央法規.

日本社会福祉士会編（2009）『改訂　社会福祉士の倫理──倫理綱領実践ガイドブック』中央法規.
サラ・バンクス，石倉康次・児島亜紀子・伊藤文人監訳（2016）『ソーシャルワークの倫理と価値』法律文化社.
『季刊　保育問題研究』新読書社.

（渡邊慶一）

第12章 ソーシャルワークの過程

　本章では、ソーシャルワークのはじまりから終結までの展開過程（プロセス）について学ぶ。まず、専門的な援助実践であるソーシャルワークは、一定の水準と計画性を保つため、基本となる過程に沿って展開されるものであることを理解する。次に、展開過程における各段階の内容並びに留意点について学ぶ。そして最後に、ソーシャルワークの展開過程がもつ意義について理解を深める。

1. ソーシャルワークの過程とは

　2017（平成29）年告示の「保育所保育指針」「第4章　子育て支援」には、「保護者に育児不安等が見られる場合には、保護者の希望に応じて個別の支援を行うよう努めること」と示されている。その際の方法として「保育所保育指針解説」には、「保育士が有する専門性を活かした支援が不可欠である」ことに加えて「ソーシャルワークやカウンセリング等の知識や技術を援用することが有効であるケースもある」ことが示されている。

　ソーシャルワークは、子育て支援に限らずさまざまな機関や施設において実施されており、対象となる人々が抱える問題の内容も多岐にわたる。問題の内容や機関の機能が異なれば支援の内容も異なるが、相談者の訴えを聴き、問題を把握し、それを解決するための方法を検討し、支援を実施するという基本的な流れは同じである。このようにソーシャルワークとは、対象となる問題や機関機能が違っても、基本的には一定の展開過程に沿って実践されるものであるといえる。

　ここでは、その基本的な展開過程を次の8段階に整理して示す（図12-1）。

　ソーシャルワークが、このような展開過程に沿って実践される理由は、それが専門的知識や技術に基づいて行われる専門的な援助実践であるからである。そのためには支援が、一定の水準を保ちながら計画的に提供される必要がある。決して援助者側の個人的な考えや感覚によって恣意的に行われるものであってはならない。そこで次節では、ソーシャルワークを展開するにあたり、各段階において実践されるべき内容と留意点を解説する。

　なお、ソーシャルワークとは本来、個別援助などの直接援助からソーシャルアクションなどの間接援助まで幅広い援助技術を含んだ総称であるが、ここでは、個別的支援の場面で用いられる相談援助技術、すなわち個別援助技術（ソーシャルケースワーク）を想定して解説する。

Ⅲ　子育て支援に援用されるソーシャルワーク

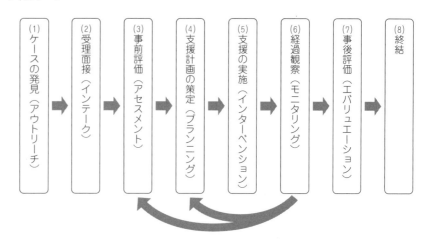

図12-1　ソーシャルワークの展開過程

2．ソーシャルワークの展開過程

（1）ケース発見（アウトリーチ）[1]

　ソーシャルワークは，相談者が自ら相談に訪れて開始される場合ばかりではない。ソーシャルワークの対象となる人は，解決すべき問題を抱えていても問題に気づいていない人，気づいていても援助を求めない人，また援助につながる力を失ってしまっている人などさまざまである。そのような場合には，援助者側が問題の存在に気づき，働きかけて援助につないでいく必要がある。たとえば，「保護者の表情が暗い」「子どもが何日も同じ衣服を着ている」など，日々のかかわりの中で見える表情や様子などから，問題が存在する可能性を察知し，働きかけるのである。

　このように，ケースの発見（アウトリーチ）とは，解決すべき問題を抱えているにもかかわらず援助につながっていない人に対して，援助者側から行う，援助につなげるための働きかけのことであり，ソーシャルワークの入り口とでもいうべき段階である。

　特に，狭義の相談機関ではない保育所では，保育士側が問題に気づき働きかけて援助につないでいくアウトリーチが重要である。

（2）受理面接（インテーク）

　相談者と援助者とが初めて面接を行う，援助の開始の段階である。相談者が自ら援助を求めて来談する場合もあるが，アウトリーチで働きかけた対象者に対しては，援助者が対象者の中に発見した問題状況を対象者自身に認識してもらう働きかけが必要となる。

1　ケース発見（アウトリーチ）：アウトリーチとは，相談者の居る場所に出向いて援助を提供すること。解決すべき問題を抱えている人々を見つけだして働きかけることも含み，その場合はケース発見と同義に使われる。

インテークで実施すべき内容は主に次の3点である。① 主訴の確認：相談者の話す内容を傾聴し、相談者が相談したい事がらや援助を求めている内容（主訴）を的確にとらえることである。② 機関機能の説明：主訴を確認したうえで、援助者が所属する機関がその内容に対応可能かどうかを判断し、それを相談者に説明する段階である。当該機関で対応することができない内容であれば、適切な他機関を紹介する必要がある。③ 援助契約：主訴と機関機能にミスマッチがないことを援助者と相談者の双方で確認できれば、そのうえで援助関係を結ぶかどうかについて相談者の意向を確認する。

ソーシャルワークを計画的に展開するためには、以上のような内容を確認する必要があるが、インテークの段階では、相談者の多くが自らの悩みや苦しみを初めて他者に打ち明けるという経験をすることになる。そのため、不安感や緊張感が高まっていることが多い。援助者は、相談者が苦しい状況にありながらも勇気をもって来談したことをまずは労い、安心して相談できるあたたかな雰囲気の中で面接を行うことを心がけなければならない。相談者が十分に傾聴され受容されたと感じることができるよう、バイスティックの7原則などを念頭に、信頼関係の構築に努めながら面接を進める。

（3）事前評価（アセスメント）

アセスメントは、情報収集と分析の段階である。① 情報収集：相談者のかかえる問題がどのような状況の中でどのように問題となっているのかについて、情報収集を行う。方法は、おもに相談者との面接であるが、相談者の同意を得た上で、関係者や関係機関から情報を得ることもある。いずれの方法による場合でも、秘密保持原則は厳守しなければならない。内容は、相談者個人の情報のみならず、その周囲の人々や関係機関、地域社会の状況や相談者との相互関係など、総合的に情報収集する必要がある。具体的には、まず家族構成や家族関係・親族関係、成育歴、就労状況ならびに経済的状況などの基本的な情報である。そして、健康状態などの身体的状況、地域における人間関係や社会資源の活用状況などの社会的状況、また、問題に対するとらえ方ならびにその解決に向けた意欲や積極性などの心理的状況についてなど、多面的に情報収集する。この時、相談者やその家族・地域環境について、短所や限界だけでなく、ストレングス視点[2]に基づいて、長所やこれまで問題に直面した時に活用してきた対処能力についても情報収集することが不可欠である。また、マッピング技法[3]を用いて、状況を視覚的にとらえることが全体の理解に役立つ。② 分析：情報収集

2 ストレングス視点：「できないこと」「足りないこと」のみに注目するのではなく、強み・長所に注目し、問題解決に活かしていこうとする視点。

3 マッピング技法：家族関係やその他の人間関係、環境との相互関係を、視覚的に理解できるよう図示するもの。主なものにジェノグラム、エコマップがある。

した内容を総合的に解釈し，相談者の置かれている状況や問題の状況を全体的に理解することを通して，専門的援助の必要性について判断を行う（ニーズ確定）。そしてその上で，援助の最終的なゴール（支援目標：たとえば「保護者の精神的な安定ならびに仕事と育児の両立」など）とそれに到達するためのいくつかの小さな目標（支援標的：たとえば「問題解決のために不足している社会資源は何か」など）を設定していく。

（4）支援計画の策定（プランニング）

　支援目標と支援標的が明らかになれば，そのためにいつ，誰が，何をするのか，という具体的な計画を策定する。これがプランニングの段階である。援助の最終的な目標に到達するには，時間をかけて取り組む必要がある場合も少なくない。そのため，支援計画は数か月間に実施する短期目標と，1年以上かけて実施する長期目標に分けて策定することが必要になる。

　おもな支援の方法としては次のようなものがある。既存の社会資源やサービスを紹介し，相談者自身がアクセスすることにより問題解決に至る「情報提供」，また情報提供にとどまらず相談者と社会資源などを積極的に結びつける必要がある場合は「仲介機能」，あるいは相談者と周囲の人々や社会資源などの関係が不調である場合には「調整機能」を果たすことが求められる。また，問題解決する力を相談者自身がもっているにもかかわらずそれが発揮できないでいるとき，相談者に寄り添い，ともに問題解決に取り組むことで相談者が力を発揮できるようにする「支持的機能」，援助対象者が子どもである場合や何らかの事情により自己の権利を主張できない場合，権利を守るために代わって異議申し立てをする「代弁機能」などが挙げられる。

　プランニングは，専門的知識・技術を駆使しながら支援目標に向かってよりよい計画を立てる段階であるが，最も重要な点は，計画の策定にあたって相談者の参加や合意が図られていることである。問題解決の主体は相談者自身である。また支援が実施された結果，その人生を引き受けて歩んでいくのも相談者自身である。これらのことを常に意識し，相談者とともに計画を策定することが求められる。

（5）支援の実施（インターベンション）

　計画に基づいて支援の実施を行う段階である。援助者が自ら相談者やその周囲の人々に働きかける形で支援を実施（直接的援助）することもあるが，他機関の支援を活用する場合などは，その機関との連絡調整や連携をとったりすることも支援の実施（間接的援助）といえる。

（6）経過観察（モニタリング）

モニタリングは，支援の実施と同時に行われる。支援目標に向かって策定された計画が，計画に沿って順調に実施されているか，援助が問題解決に有効に機能しているか，そしてどのような結果が出ているか，について経過観察を行う段階である。もし，計画の進行に問題が生じている，あるいは援助を実施しても効果がない，また新たなニーズや問題が生じているなどのことがあれば，再びアセスメントの段階あるいはプランニングの段階に戻り，再アセスメント，再プランニングを行う必要がある。

（7）事後評価（エバリュエーション）

ソーシャルワークの展開過程が順調に実施され，支援目標が達成されたところで，事後評価を行う。援助者と相談者はこれまでの過程をあらためて振り返り，援助の過程が適切であったか（プロセス評価）や支援目標がどの程度効果的に達成されたか（アウトカム評価）などについて評価する。

具体的には，支援標的の一つ一つが達成されたかどうか，支援目標がどの程度達成されたかについて確認する。またアセスメントの際に作成したマッピングを活用し，支援の実施前と実施後の変化を比較することも事後評価の一助となる。

事後評価は，援助者にとって，実施した援助についての省察や今後に向けての改善点の検討など，専門職としての力量を高めるための有効な機会となる。相談者にとっては，問題解決に向けて自分自身が取り組んだ過程を振り返り，今後あらたな問題状況に直面したときには自分で解決できる，あるいは適切に援助につながることができる，という自信や自己効力感を高める機会となる。

（8）終　結

終結に向けての準備段階である事後評価を経て，援助関係は終結に向かう。問題が解決され目標が達成された場合，あるいは完全な問題解決には至らないものの，今後は相談者自身が問題解決に取り組んでいけるということが，相談者と援助者の双方で確認されたとき，援助関係は終結に至る。相談者にとっては，援助者との関係が終結することに不安感を抱くことも少なくないため，今後も必要な時にはいつでも相談を受け入れることができることを伝えるなど，丁寧なかかわりが必要となる。

3. ソーシャルワークの展開過程の意義

　ソーシャルワークは，以上のような過程を経て展開されるが，現実のソーシャルワークは単純に一直線に進行するわけではない。相談者や周囲の状況が変化したり，新たな問題が発生したりすることもあり，場合によっては完全な目標達成に至らないまま終結を迎えることもあり得る。そのような場合であっても，援助者と相談者がともに問題解決に取り組んだ過程が，相互の信頼関係の醸成に，あるいは相談者のエンパワメント[4]に効果をもたらすことは可能である。特に保育所などでは，ソーシャルワークの過程が終結した後も，保育士と保護者という関係は継続する場合が多い。そのことを念頭に，一連の展開過程を通じて，相談者に対して丁寧なかかわりができるよう取り組んでいくことが求められる。

　加えて，「保育所保育指針　第4章　子育て支援」にも明示されているように，「地域の関係機関との連携」が保育所の役割として求められている。ソーシャルワークの展開過程を理解しておくことは，他機関のソーシャルワーカーとの連携の際に，その働きを理解しよりよい協力関係を築くためにも不可欠であるといえる。

> 4　エンパワメント：本来もっている力を取り戻し，援助を活用しながら，主体的に生活できるようになること。

演習問題

1. ソーシャルワークの展開過程における各段階の内容と留意点をまとめてみよう。
2. 保護者や子どもの「気になる様子」とはどのような様子か。ケースの発見（アウトリーチ）を念頭に，書き出してみよう。
3. 事例：2歳児の母親Aさんが，最近疲れている様子で表情も暗い。気になった保育士Bが声をかけると，「先月から夫が単身赴任をしていて，平日は私と子どもの二人暮らしになりました。」と話し始めた。「そうなんですね。」と保育士Bがあいづちをうつと，「一人で家事・育児をすべてしなければならず，とても疲れています。子どもも最近言うことを聞いてくれないことが多くなり，仕事で疲れて帰っても，気持ちも体も休まることがありません。」と涙目になりながら一気に話した。
　　母親Aさんに対して，どのような援助が考えられるだろうか。ソーシャルワークの展開過程に沿って検討してみよう。

引用・参考文献

笠師千恵・小橋明子（2014）『相談援助　保育相談支援』中山書店.
倉石哲也・大竹智編著（2017）『相談援助』ミネルヴァ書房.
厚生労働省編（2018）『保育所保育指針解説』フレーベル館.
「社会福祉学習双書」編集委員会編（2018）『社会福祉　援助技術論Ⅰ』社会福祉法人　全国社会福祉協議会.
社会福祉士養成講座編集委員編集（2015）『相談援助の理論と方法Ⅰ　第3版』中央法規.

（山本由紀子）

第13章　ソーシャルワークにおける面接技法

ソーシャルワークにおける面接では，生活上にさまざまな問題を抱えている人（クライエント）が，ワーカーとのかかわりを通して，社会資源を介在させ，解決にたどり着くこと。つまり，解決に向けて常に最善の利益とクライエントのニーズに合致しているのかどうかを検討し，傾聴，受容・共感しながらワーカーと一緒に歩むプロセスである。問題を解決するのはあくまでもクライエント自身であり，クライエントの自己選択・自己決定を尊重し自己責任を促しながら自己実現に向かって進んでいくことである。本章では，その解決に向けて面接でよく使われる面接技法を取り上げながらより実践に結びつけやすく解説を加える。

1．面接に向かう心構え

先ず，面接の際に必要となる力とは「観察力」である。つまり，クライエントの表情・眼の動き・言葉・動作・服装・色使い・アクセサリーなどに現れる無意識的・意識的な主張表現をワーカーがどのように理解し，「ありのままのクライエント」をどのように受け止めるかも面接を進める上で大切な方向づけとなる。その上で，クライエントの気持ち，感情に寄り添いながら，ワーカビリティを認め，ストレングスの視点でかかわり，エンパワーメントする。傍観者としてではなく相手の立場に添って，自然体で面接を進めることが重要。より良い面接を進めるためにも，クライエントの「今，ここでの像」を見過ごさないワーカーの姿勢と，しっかりと一語一句クライエントが話す言葉と感情を受け止め，「問題の所在はどこにあるのか」「クライエントが今何を求めているのか」「クライエントにとって適切な援助とは何か」を専門的に判断していくことが重要となる。

（1）少しのクライエントの情報の意味

ワーカーとしての面接経験の度合いによって，面接の前に不安を感じたり緊張したりしてしまうことがある。特に，面接経験の少ないワーカーにとっては，不安が表情やクライエントへの言動にまで無意識に影響を及ぼし，偏った見方をしてしまうことがある。これを軽減するためにも面接に来るクライエントの情報をもっておくとよいこともある（自分の経験などによる思い込みよりも常に確認する姿勢が重要。）また，スーパービジョン体制をどのように構築させながら，機能充実を図ることも大切となる。

1　受容・共感：受容（無条件の肯定的配慮）とは，条件づけで相手を認めるのではなく，人間そのものを価値ある存在としてあるがままに受け入れる。共感とは，クライエント自身が生活を重ねていくことで経験してきた体験や内的世界をクライエントの見地から理解していくこと。

2　自己一致（純粋性）：カウンセラー自身が今，クライエントを通して，自分自身の内的な感情を鋭敏に感知しながら，感情の起因を整理していくこと。

3　ワーカビリティ（ワーカーの力ではなくクライエント自身の力）：ケースワークの過程の中で，ワーカーとのかかわりに応えて，クライエント自身が，問題解決へのモチベーションを高め，向き合っていく力のこと。

4　ストレングス：利用者の意欲，能力，強み，長所

（２）面接に来るクライエントの心情を理解する

クライエントが面接を受けに相談機関等に来るという意味をワーカーが理解を深めることが大切。クライエントは、悩みを抱えて感情が錯綜していることが多く不安に感じている。また、相談機関等に入るところを知り合いの人に見られないかという二重の不安を多少なりとももっている。そのような気持ちで来訪するクライエントの感情をしっかりと受け止めて自然体でかかわることが大切。

（３）ワーカー自身の心の整理とストレスマネージメント

ワーカー自身の感情や心の葛藤を整理し、専門職者としての倫理観・価値観を認識し、クライエントを待つことが必要。ワーカーも人間であり、仕事に入る前、家庭のこと、友人関係のトラブル、身体の不調など、気持ちの整理とともに心の切り替えをしなければならない。

2．面接での出会い（インテーク）

（１）物的環境からのアプローチ

クライエントがリラックスして話せる環境設定になっているかを再度チェックして見ることが重要。クライエントの座る場所にも配慮しながら考えていくことが大切。自分がクライエントの立場なら、どの位置に座りたいか？　またその理由は？　ということを常に自分に問いかけながら面接を進めていくことが重要となる。

（２）面接での心の挨拶

ドアがノックされ、クライエントはワーカーを見ることができるか、それともチラッと見てから周りの環境を観察するのか、うつむきかげんで入ってくるのか……。さまざまな行動や表情を想定しながら、言葉での挨拶とともに心の挨拶をする必要がある。最初の出会いですべての面接が終わってしまわないように、ワーカーは最初の出会いを特に大切にしながら、あらゆる配慮を想定しなければならない。その上で来訪してもらったことについて、しっかりとねぎらう姿勢が大切。

「今日はよくいらっしゃいましたね」「遠いところをありがとうございます」「電車は混んでいませんでしたか」「こちらにどうぞ」。面接の最初のやりとりはクライエントへのねぎらいとリラックスを促す言葉がよい。

5　面接に向かう心構え
　自分の心の中にある悩み・不安を明確化し、ゆっくりと長く深呼吸し、専門職として面接に臨むために切り替えをしていくことが必要である。例えば、専門職が無意識に「なんか」という言葉を発するときは、自分の心の中に悩みが詰まっている状態が多いので、自分の中にある悩みを確認する必要がある。「なんか」という言葉は、悩みと向き合うことを無意識に避け、オブラートに包み、見えなくしてしまう危険な言葉である。自分の心の中を整理して、余裕をもってクライエントとの面接に臨むように心がけたい。

6　位置的効果
　クライエントの座る位置によってコミュニケーションを効果的に行うことが可能となる。真剣な込み入った話は真正面の位置が相手をよく観察でき、表情や眼のちょっとした動きをとらえやすい。また緊張感を和らげるにはテーブルの角を挟むように座る位置が効果的。

（3）ゆったりとした会話と自然体で聴くこと

クライエントにすぐに話を求めるのではなく，ワーカーの自己紹介，面接の目的，時間配分などについて丁寧にしかも簡単に話をする。特に，守秘義務についてはその責任の所在を伝え，クライエントがこの場の限られた時間で安心して話ができるよう配慮することが重要。

クライエントは悩みが心の中であふれんばかりなので，「どこからでも結構ですのでお話ししやすいところからお話しを聞かせてください」「今，できることを一緒に考えていきましょう」の言葉を聞いたとたん，言葉があふれ出す場合もある。その言葉が意味するさまざまな感情を考え，一言一句聞き漏らさないように，丁寧にワーカーの心の中に入れていく。また，クライエントの呼吸が速くなったり，涙があふれてきたりする時は，クライエントがそれぐらい心の中に重荷を抱えていたと考え，自然な流れに沿ったゆったりした会話を心がけることが大切となる。

（4）傾聴（敬聴）

表情やしぐさも感情の表出として受け止めながら，相手と波長合わせをしていくことが大切。クライエントから伝えられる言葉を「贈り物」として考えるつもりで，じっくり，しっかり聴くことが傾聴となる。一般的に「聞く」はさまざまな音をただ入れることであり，音や声などを耳で感じ取ること。「聴く」は限定的にとらえるという意味であり，心を落ち着けて理解して心の中に入れることになる。

① 傾聴をする前の心構え

傾聴の前提となる姿勢とは何か。相手が障碍をもっていようがいまいが，高齢であろうがなかろうが，幼児であろうがなかろうが，その相手が「命」をもつ一人の人間であることに敬意をもって接する気持ちが大切となる。

ワーカー自身の内的状態も「傾聴」を行う上では重要。つまりワーカー自身に心の余裕がなければ，相手の言葉が心の中に入ってこないので，「ワーカーさん，ちゃんと聞いてくれているのかな」「真剣に聞いてくれているのかな」という状態に陥ってしまうことがある。ワーカーの心の余裕の部分が，クライエントが話す言葉を入れる空間となる。その空間をつくれるように，専門職としての自覚と切り替えのスイッチが必要となる。

つまり，援助者として，相手の悩みと向き合うときの前提として，自分自身の心の中にある個人的な気持ちや感情の整理を行うことが，クライエントに対する敬意を払うことにつながる。「傾聴＝敬聴である」。

7　あいまいな言葉に注意する

以下の言葉は日常生活の中で何気なく使われる抽象的な用語である。言葉を聞きのがさないで具体的に聞いてみることも大切。たまに，きっちり，ちゃんと，しっかりと，前に，ずっと，ちょっと，あんまり，なんか，なんとなく，しばらく，さまざま，普通……。

以上の言葉に対しては，「もう少し具体的に聞かせていただいてもよろしいですか」とその場に応じて聴くことも必要な場合がある。

3．面接の具体的技法

（1）促しの技法

面接の流れをより解決に結びつけるような重要なスキル。話をスムーズに促すために言葉と言葉の間にはさむ潤滑油のようなイメージ。「うんうん」「はい」「そうなんだ」「そお」「へえ」など，あいづちをはさんでいくことにより，クライエントの呼吸が整い，話がしやすくなる。これはふだんの会話の中で意識せずに行っているものであるが，面接の場面ではワーカーは自然体の中にも専門職として意識づけを行う必要がある。促しによって，クライエントの表情，態度にどのような変化が現れるのかを常に考えよう。[8]

（2）繰り返し

いわゆる「おうむ返し」[9]の技法であるが，クライエントへの共感につながる大切なスキル。クライエントの話の語尾を繰り返すことで，そのままの言葉（言葉の多様性）が受け入れられたことをクライエントに意識づけることになる。違う言葉で同じ意味を返してあげることもクライエントの「気づき」の助力となるので意識づけをしながら会話を進めていくことが必要。ワーカーは，日常生活の中でも常に感性を研ぎ澄ませ，言葉で伝えることを考えておくことが大切。

（3）効果的な質問

「開かれた質問」「閉じられた質問」を効果的に会話の中に入れながらクライエントが答えやすいかかわりをもち，深めていくこと。「開かれた質問」とは，「今日お昼ご飯にどんなものが食べたいですか」「中華料理の餃子がいいかな，それとも焼肉……」というように食べるものの内容や種類が情報として得られることになる。クライエントが自由に答えることができ，自己理解を深めていくことができる。「閉じられた質問」は，「お腹すいてますか？」という質問に対して，「はい」「いいえ」のように簡単に会話が終了する。場合によっては，質問そのものが，クライエントに対して抑圧的になってしまい，クライエントのペースで話せなくなってしまうことがあるので配慮が必要となる。

この両方の質問を通してクライエントの心の揺れを感じながら効果的な質問を行うことが必要。また開かれた質問ばかりでも疲れることがあるので，閉じられた質問も入れながら進めていくことも必要となる。

---

8 言葉の多様性（違う言葉で同じ意味の言葉を返す）

「嬉しそう」という言葉を違う言葉で表すと「楽しそう」「顔がにやけているね」「ほころんでいるね」「眼が笑っているよ」「うきうきしているよ」などの表現で返すこと。挨拶をするときには，まず相手の表情を言葉にしてから挨拶をすると相手の気持ちが理解しやすくなる。
「今日は顔が嬉しそうだね。何かいいことあったのかな。おはよう」

9 おうむ返しの効果的な方法
Cl. おはようございます。
Co. おはようございます。
以上は，単純な繰り返し。
Cl. おはようございます。
Co. おはようございます。今日はいいお天気ですね。
単純な繰り返しにプラスαの要素を加えることにより，会話を滑らかにすることができる。また，相手の表情を言葉にして返してあげてもよい。
Cl. おはようございます。
Co. おはようざいます。今日は顔の表情がにこやかでいいですね。

Ⅲ　子育て支援に援用されるソーシャルワーク

（4）感情の反射

クライエントがむきだしの感情を伝えたときに，ワーカーがその感情をオブラートまたは柔らかい風船ガムに包んでクライエントに返してあげるイメージ。つまり，クライエントの情動的な言葉に留意しながら，感情を反映させること。

たとえば「将来のことを考えると不安で，何とかしなければならないと感じるのですが，何をしたらよいのかわからないのです」と言われたとき，「ご心配なのですね，どうしたらよいのか，戸惑いもあり混乱している状態なのですね」「どうしたらよいのか困っておられるのですね」などと返すこと。

（5）要約・明確化の技法

クライエントが，自分のあふれんばかりの感情を，堰を切ったようにワーカーに話し続けることがある。悩みをもっている人が話をしているときの感情は，とにかく自分自身で抱えていることが苦痛で，自分ではどうしようもない思いをもち，誰かに聞いてもらうことで肩の荷を軽くしたいという気持ちが強いと思われる。クライエントが話す言葉を整理できないときは，要約の技法を使いながら，たんすの引き出しをつくってあげるつもりで接するとよい。また，クライエントが抱える曖昧な点をはっきりさせるためには，「もう少し詳しくそのことについてお話をしていただいても大丈夫ですか」というように話しを促すこと。これによってクライエントは，眼の前にいるワーカーが自分の話をしっかり聴いてくれているということを確信することができる。

（6）沈黙の技法

面接の中でクライエントが沈黙してしまうことがある。この沈黙は重要な解決への「気づき」であるとともに，ワーカーとしては慎重なかかわりが求められる。どのような質問をされたことでクライエントが急に黙ってしまったのか，その意味をワーカーは考える必要がある。「答えたくない」「何を答えていいのかわからない」「質問の意味がわからない」「今の質問よりさっきの答えが気になる」「しっかりと答えようと考えている」など。このような状態が長く続くなら，ワーカーはクライエントが沈黙することの意味を考え，少し時間をおいて違う視点でアプローチを行う必要がある。時にはその沈黙を破るのではなく発言を促すような言葉を入れること。「難しいことですよね，答えるのが辛いですよね」「無理に答えを出さなくてもいいですよ，ゆっくり一緒に考えましょう」「今，何が気になってい

ますか，できればお話ししていただけませんか」「話題を少し変えてお話を続けてもいいでしょうか」など，方向性を修正することが必要となる。

（7）まとめ

　ワーカーは常にストレスを自己管理し，バーンアウトにならないよう，日頃からの訓練が必要となる。その方法としては，① 定期的にスーパービジョンを受けること，② 専門職の自分と自分自身のメリハリを日ごろから考え，実行すること，③ 仕事上における達成感を常に考える，④ 自主的な勉強会，研修会の参加，⑤ ストレスマネージメントを意識的に行うこと，などがある。また，面接では言葉の前に感情が重要な解決への指標となるため，**転移・逆転移**[10]が起こる可能性が常にある。特に逆転移はワーカー自身の問題であり，クライエントに対して過度に親切となったり，逆に会うことがつらく，忙しさにかこつけて回避してしまったりすることにつながる。しかしながら逆転移が全くよくないということではなく，逆転移が起きていることを理解し，意識して，解決の方向性をクライエントの最善の利益を守りながら考察していくことが大切。これを解決するためには，あるがままの自己を客観的に自己分析しながら，今の自分に何ができるのかを考える必要がある。

[10] 転移・逆転移：面接が継続され感情が行き来するうち，クライエントはワーカーに対してより強いプラス感情とマイナス感情を含んだ態度を向けるようになる。これが転移である。逆転移とは，ワーカーがクライエントに対して表す無意識的な感情表現である。専門職としては逆転移を全否定して面接を進めていくのではなく，少しの逆転移がクライエントの治療に際して有効な効果をもたらす場合があることを知っておく必要がある。

演習問題

1．「楽しい」「悲しい」という言葉を，意味は同じでも違う言葉で表現してみよう。
2．眼をつぶり，鼻から空気を吸って，ゆっくりと長く口からはいてみよう。どのような身体上の反応と，心の内面を感じ取ることができるだろうか。
3．「面接技法」のポイントをまとめてみよう。

引用・参考文献

秋山博介責任編集（2007）『臨床に必要な社会福祉援助技術演習』弘文堂.
水野喜代志編（2006）『社会福祉援助技術演習――福祉・介護を学ぶ人々のために』保育出版社.
横井一之・吉弘淳一編（2004）『保育ソーシャルカウンセリング』建帛社.

（吉弘淳一）

コラム6　子育て支援におけるコーチング

親や保育者は，子どもと長時間接しているため，当然大きな影響力をもっている。その影響力は，子どもの成長の土台作りと社会への適応力の獲得のための「鍵」となる。ここでは，「子育て支援の方法」として，行動心理学に基づいた，武田建の「やる気を育てる子育てコーチング」を紹介したい。

この方法は，子どもの困った行動は叱るが，「良い行動」や「良くなった行動」に注目し褒めるのが特徴である。自分の良い行動を褒められると，子どもはまた褒められたいから良い行動を繰り返す。そうすれば，その良い行動をまた褒める。叱ることも大切である。困った行動をした時には叱る。しかし，「ダメ」と言うだけではない。子どもと話し合い，① 子どもにやってほしい行動を選び，② 親や保育者がお手本を見せ，③ 子どもにさせて，④ 少しでもできたらすぐに褒めて，⑤ これまでの行動を繰り返し行うことで「できないが」が「できる」になる。褒められた子どもはどんどん良い行動をするようになる。子どもは，親や保育者から褒められたいので「やる気」をだし，認められたいという気持ちで頑張る意欲「やる気」が育っていく。「できない！」→「できた！」→「できる！」の自信とやる気が，これからの学びにつながるのである。

（1）子育てコーチング8つの実践方法

1. 子どものできるレベルからスタート
2. 簡単でやさしい目標を設定する
3. 目標が達成できたらすぐに褒める
4. 目標が高すぎたら，レベルを下げる
5. 時間がかかるなら「一区切りずつ」
6. 一度に1つ
7. 困ったことをしたら「叱る」ことも大切
8. できるようになったら，レベルを上げる

（2）ポイント　見える成果：お約束表の作成

子どもに「してほしい行動」や「すぐにできる行動」をお約束表に作成して，具体的にしてほしい行動ができたら，褒めてシールを貼っていく。

参考文献
武田建（2010）『やる気を育てる子育てコーチング』創元社．
飯島仁美（2018）「地域子育て支援拠点事業における支援者の役割と課題——ペアレントトレーニングからみる支援者の専門性」『大阪成蹊短期大学研究紀要』15，大阪成蹊短期大学研究紀要編集委員会．

お約束表

事　柄	具体例	月	火	水	木	金	土	日
すでにできている行動	ひとりで起きれる	☺	☺	☺	☺	☺	☺	☺
ときどき，やれる行動	前の日に，登園の準備ができる	☺	—	—	☺	—	—	—
してほしい行動	朝，ひとりで服が着れる	—	—	—	—	☺	—	—

（飯島仁美）

第14章　保育相談支援の体系

　本章では，保育相談支援の体系について学ぶ。それに際しては，保育相談支援の定義や他の心理社会的援助との関係等の基本的知識を踏まえた上で，保育相談支援の計画や展開等について理解し，そして，保育者の専門性や倫理へと学びを深めていく。保育相談支援を実際に展開していくための方法や技術が身につけられるように，具体的な実践事例に即しながら，保育相談支援を体系的に学ぶことにする。[1]

1．保育相談支援の基本的知識

（1）保育相談支援の定義

　保育士の専門性は，児童福祉法[2]に「保育所の役割及び機能が適切に発揮されるように，（保育士は）倫理観に裏付けられた専門的知識，技術及び判断をもって，子どもを保育するとともに，子どもの保護者に対する保育に関する指導を行うものである。」と定められている。保育士には，子どもの保育は言うまでもなく，保護者等へ寄り添いながら養育上必要な支援をしていくことが義務づけられている。そのために，保護者から信頼される関係の構築の形成を基に，子どもの養育に関する助言や支援を行うことが必要とされる。

　そして，柏女（2011）は，「保育相談支援とは，子どもの保育の専門性を有する保育士が，保育に関する専門的知識・技術を背景としながら，保護者が支援を求めている子育ての問題や課題に対して，保護者の気持ちを受け止めつつ，安定した親子関係や養育力の向上をめざして行う子どもの養育（保育）に関する相談，助言，行動見本の提示その他の援助業務の総体」と，保育相談支援を定義している。

（2）保育士の専門性

　1999（平成11）年に児童福祉法が改正されたことにより「保育士」と名称が変わり，2003（平成15）年に国家が認める名称独占として保育士が証明されることになった。これにより保育士の行う保育は児童福祉法に定められている専門的技術として認められ，同時に社会的責任を伴うものになった。保育の専門的技術について保育所保育指針の解説では，以下の6点が保育士の専門性として述べられている。

---

[1] 本章で取り上げる事例はすべて，さまざまな実例を組み合わせて筆者が創作したものである。

[2] 児童福祉法第18条の4「保育士とは（中略）保育士の名称を用いて，専門的知識及び技術をもって，児童の保育及び児童の保護者に対する保育に関する指導を行うことを業とする者をいう」

Ⅲ　子育て支援に援用されるソーシャルワーク

表14-1　保育士の専門性

技　術	内　容
発達援助の技術	発達に関する専門的知識を基に子どもの育ちを見通し成長・発達を援助する
生活援助の技術	発達過程や意欲を踏まえ子どもが自ら生活していく力を細やかに助ける
環境構成の技術	空間，物的環境，自然環境，人的環境を生かし保育の環境を構成する
遊びを展開する技術	子どもの経験や興味・関心を踏まえ様々な遊びを豊かに展開していく知識や技術
関係構築の技術	子ども同士・子どもと保護者の関わりを見守り気持ちに寄り添いながら信頼関係を構築して適宜必要な援助をする
相談助言の技術	専門的知識と技術をもって保護者へ適切な助言・援助を行う

出典：厚生労働省「保育所保育指針解説書」をもとに筆者作成．

　このような保育技術を基盤にして保育士は保育相談支援を実践するが，知識や判断も「子どもの最善の利益」を尊重するという理念に基づくものでなければならない。保育相談支援は，保育に関して行う支援技術であり，日常生活のさまざまな場面で保護者の気持ちに寄り添いながら継続的に行われる。その対象は，保育所に入所している子どもの保護者はもちろん，地域の子育て家庭も含まれており，地域の人々や専門機関等と連携を図りながら，地域の子育て力の向上にも寄与しなければならない。

（3）保育相談支援とその他の心理社会的援助

　保育相談支援は，先述したように，保育の専門性を生かして，保護者に子育て上の知識・技術等を助言支援する業務である。保育士には，保育と同時に保護者支援が義務付けられており，保育士の専門性は対人援助職の一つとして位置づけられている（保育所保育指針解説書，2015）。この保育相談支援は，ソーシャルワークや心理治療，カウンセリングと近接しているが，共通点と同時に独自性もあるので，それぞれの特徴を知っておく必要がある。

① 保育相談支援とソーシャルワーク

　ソーシャルワークは，個別の生活課題を抱える対象者に，必要な社会資源との関係を調整しながら，対象者の課題解決や自立的な生活，自己実現等の達成を支える活動である。ソーシャルワークを実践する時には，「バイスティックの7原則」を基本姿勢とし，受容や非審判的態度，対象者の自己決定の尊重，秘密保持等を確実に身につけておかねばならない。これは，対人援助職の基本原則であり，保育相談支援の実践においても共通す

ることである。その上で，保育相談支援の目的が子どもの生活全般における保護者の養育力の向上や安定した親子関係の構築であることを考えると，ソーシャルワークの知識や方法に学びつつ保育独自の専門性を生かすことが必要である。

② 保育相談支援と心理療法（カウンセリングを含む）

心理療法（psychotherapy）は，「何らかの問題に直面している人（来談者）に対し，共感的理解や受容を基盤として関わり心理的に交流することで来談者の自己成長を促し問題解決を図る臨床心理学的援助の方法」と定義される。その方法は，来談者中心療法や精神分析，遊戯療法，芸術療法等さまざまであり，その実施は，時間や空間の制約，守秘義務などを含め一定の訓練を受けた臨床心理士[3]などの専門家によって行われなければならない。カウンセリングは，家庭・学校・職場などにおける個人の適応上の問題を解決することを目的とした臨床心理学的な援助の方法であり，ロジャーズ[4]によって提唱された来談者中心療法と理論的背景は似ているが，カウンセリングはより一般的で広義の意味として用いられる。保育者の行う保育カウンセリングも広義のカウンセリングの一つと位置づけられ，子どもの発達援助を目的として保護者に行う養育上の助言や指導といえよう。

③ 保育相談支援と親教育（ガイダンス）

ガイダンスは，「問題に対し行動や意識の変容や改善を目的として行う助言指導・支持や承認を基に解説・説明・情報提供・行動見本の提示を行うこと」と定義され，学校教育の中でも用いられる。親教育のガイダンス・プログラムとして「ノーバディズ・パーフェクト・プログラム nobody's perfect：NP」や日本版の「BPプログラム」がある。このプログラムは2010年カナダで制作された親支援のプログラムで，「完璧な親はいない」という考えのもとに虐待予防や親自身の成長をめざすプログラムである。親子関係の改善を図る自発的な参加型の実践であり，親自身の自己覚知[5]を促し親子の再統合を図ることも目的としている。NPプログラムに保育者が直接かかわるわけではないが，保護者支援の一つとしてガイダンスも知っておく必要がある。保護者の養育上の行動パターンを見直すことや親の混乱した感情を受け止めることの方法の一つとして，効果的に作用する。

3　臨床心理士：臨床心理査定・面接・心理療法・臨床心理的地域援助や調査・研究に従事する「こころの専門家」。日本臨床心理士認定協会が資格認定する。

4　ロジャーズ（Rogers, C. R.）アメリカの臨床心理学者，来談者中心療法を確立。治療者自身の真実性・相手に対する共感的理解・無条件の肯定的態度を基本とする。

5　自己覚知（self-awareness：自らの価値観，感情，行動パターンを知り自分を見つめ直すことで再発見や確認をし自己理解を深めること。

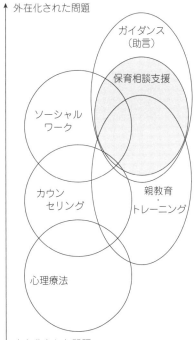

図14-1　保護者支援の各種方法と保育相談支援の位置づけ

出典：橋本・柏女（2011）．

保育相談支援とその他の心理社会的援助の関係については、図14-1のように位置づけられる。

2．保育相談支援の展開

(1) 保育相談支援における基本的態度

保育相談支援を行う対象は、園児の保護者及び地域の子育て家庭であり、担当保育士や主任保育士がキーパーソンになることが多い。保育の業務では、チームワークを基盤とし、組織として連携する体制が必要であるが、保育相談支援においても、キーパーソンが主に担当するとはいえ、職員間で連携を図りながら協力して取り組むことが大事である。現代の保育現場においては、子育て家庭の背景には複雑で多岐にわたる問題も含まれていることが多く、幅広い視野が必要である。

保護者に対する支援を行う際の基本的視点として、保育所保育指針においても、表14-2の7項目が重視されている。実際には対象者の状況やニーズによって応用して用いられるが、基本的視点として念頭におかなくてはならない。

表14-2　保護者に対する支援の基本的視点

支援の基本	内　容
子どもの最善の利益の重視	子どもの福祉を最優先に重視する
保護者との共感	子どもの成長を共感し合うことで子育てへの意欲や自信が持てるように働きかける
保育所の特性を生かした支援	身近な立場から子ども理解の視点を伝えたり保育実践を見てもらう。行事等も活用し保護者相互の交流や活動を促す。
保護者の養育力向上への寄与	子どもと保護者、保護者同士の関係、地域との関係を把握し、関係性を高めることを念頭に養育能力の向上に寄与する
相談・助言におけるソーシャルワークの機能	一人一人の保護者を尊重して受容を基本とするが無条件な肯定ではなく理解する手がかりとする。自己決定の尊重。
プライバシーの保護・秘密保持	守秘義務は援助職における専門的原則であり保育士の倫理でもある。法律でも規定されている。
地域の関係機関等との連携・協力	保育相談支援の範囲と限界も理解し必要に応じて関係機関と連携を図る。関係機関の役割や機能を理解しておく。

出典：厚生労働省「保育所保育指針解説書」をもとに筆者作成．

(2) 保育相談支援の実際

保育相談支援の技術や方法を学び、どのように展開するか、次の架空の事例を参考にしてみよう。

〈事例〉
　保育所の年中組に通っているA君（4歳）の母親から担当の保育士に以下の相談があった。
　「A君は活発で身体を動かす遊びが大好きで保育園にも元気に通っていますが，落ち着きがなく家でもじっとしている時がありません。ご飯の時も5分も椅子に座っていられず立ち歩き遊び食べします。寝る時も寝付きにくく2時間くらいかかり寝かせるのに苦労します。このごろは反抗してふざけたり，叱られるのがわかってわざと悪いことをするようになり，一緒に遊んであげようとしても続かず，どうしたらいいか困っています。」

　担当保育士は母親の困り感を傾聴してねぎらいつつ，以下の助言を行った。

　なかなか難しいですね。このごろA君は自分の主張をしっかりするようになり，それが反抗的に見えることがあります。だめなことはだめと言わねばなりませんが，A君の関心の示すことに「何をしようとしているのかな」とこちらも関心をもって見てみるのもいいかもしれません。何かさせようとするのではなく，ちょっと余裕のある時にA君の様子をじっくり見てみるとか，A君が何を表現しようとしているのか思いを巡らせるとか，A君が自分から聞いてくる時は向き合えるいいチャンスです。ご飯の時に席を立ったら「もうご飯片付けるよ」と声をかけてから片付けて，長々と時間をかけない方がいいと思います。

　この架空の事例の中では，保育相談支援の技術として，まず保護者に対する傾聴や共感といったカウンセリングでも用いられる方法が用いられており，それが信頼関係を築き上げている。保護者の心情や子育てについてねぎらい，保護者の子育てに対する態度について承認し，励ますことで保護者に安心感をもたらしている。その上で，子どもの問題となっている行動について保育者なりに読み取り，解説し，多面的な理解につながるような助言が行われている。さらに，問題になっている行動への具体的な対応を提示し，新たな可能性やこれまでとは異なる方法を選択肢として示している。保育者が保育の中で観察し感じたこともヒントに，子どもの成長や発達をとらえ，保育の専門的知識を基盤として助言することは，保護者にとって具体的で実際的な支援として生きるのである。

（3）相談支援における計画と展開

　保育においては，子どもが充実した生活ができるように保育指導計画を立て，子どもの育ちを見通しながら保育課程を編成することが必要とされている。同様に保育相談支援においても，具体的な個別の支援計画を立て

Ⅲ　子育て支援に援用されるソーシャルワーク

ることが必要である。支援の計画は，子どもや家庭状況の情報の収集・分析に基づき，目標を設定し，必要に応じて専門機関等の社会資源の紹介なども含めて作成される。計画の実施後は，結果について記録をとって検証し評価すること，新たな支援計画を練り上げること，困難が生じた場合の支援計画の反省や見直しをすることもしなければならない。支援計画の展開過程では，教育や社会福祉における個別支援計画と重なるところもあり，いわゆる「PDCA サイクル」を念頭に展開していくことが必要である。PDCA は，計画・実践・記録・評価の循環で行われ，その場合，何度もの丁寧な省察を経て次の目標や計画に生かしていくことが大事である。

> 6　PDCA サイクル：企業の事業活動の手法だが社会福祉や特別支援教育等にも活用される方法。目標の遂行のために計画（plan）・実践（do），評価（check），検討・改善（action）を行い循環的に見直していくシステム。

（4）組織内，組織外での連携や協働

　保育現場において，よりよい保育を行うために，組織内でのチームワークが大切であるのと同様，保育相談支援においても，組織内で協力的な体制を作っていくことは重要である。担任保育士が中心になることは多いが，主任や園長等の管理職への報告や連絡も欠かすことができない。守秘義務を大事にするのはいうまでもないが，必要に応じて組織内守秘とした情報の共有や客観的な判断を行うために組織内での協力体制が必要とされる。不適切な養育や虐待の疑いが見られる場合には，子どもの最善の利益を優先するために，組織内で情報の共有や協力体制は欠かすことができない。また必要に応じて組織外の専門機関との連携も必要とされる。地域の医療機関や保健センター，児童相談所など保育所以外の専門機関との連携は近年増えており，支援のネットワークを組み立てることは重要である。保育士と他の専門家によるコンサルテーションや協働も重要な連携の方法となっている。コンサルテーションは地域コミュニティ援助の中で必要な概念であり，専門家同士のいわば作戦会議の方法である。保育相談支援は，子育て上の問題を最前線でとらえられる立場であり，組織外の専門家との連携やコンサルテーションによって効果的な支援に組み立てていかなければならない。

3．保育相談支援における専門性と倫理

（1）保育者の専門性を生かす

　保育相談支援は保育者の保育技術や日常の保育に裏打ちされた知識や経験に基づいて行われる。保育士は，表面に出ている子どもの行動のみならず，隠れている気持ちや思いにも気づくことが必要である。それらを保護者に伝える時には，保護者とのコミュニケーションを大事にして，どのよ

うに伝えるかについても配慮しなければならない。

(2) 保育相談支援における保育者の倫理

バイスティックの7原則に見られるように、相談に来た人（保護者）の感情表現を大切に受けとめることや、審判的な態度で対応しないこと、保護者から聞いた情報や個人のプライバシーの保護に注意することは、保育相談支援において守るべき倫理である。全国保育士倫理綱領に定められているように、社会的責任を自覚し保育士としての倫理観を以て行動することが必要である。保育相談は園児の送迎時など日常的な場面で行われることも多いが、場所や周囲の状況などに十分配慮し、個人情報の保護に細心の配慮をしなければならない。

演習問題

1. 児童福祉法に定められている「保育士の2つの業務」とは何か。
2. 保育相談支援とソーシャルワークの共通点と相違点を考えよう。
3. 保育者は、子どもや保護者の気持ちや思いを受けとめる必要があるが、「受けとめる」とは具体的にどのようなことをいうのか。
4. 保育所が地域の専門機関と連携を取る場合、どのような専門機関があるのだろうか。

引用・参考文献

厚生労働省（2018）『新保育所保育指針解説書』フレーベル館．

柏女霊峰・橋本真紀（2010）『保育者の保護者支援――保育相談支援の原理と技術』フレーベル館．

柏女霊峰・橋本真紀（2011）『保育相談支援』ミネルヴァ書房．

柏女霊峰（2003）『子育て支援と保育者の役割』フレーベル館．

内閣府・文部科学省・厚生労働省（2017）『幼保連携型認定こども園教育・保育要領、幼稚園教育要領、保育所保育指針、中央説明会資料』．

北川清一（2004）『ファミリーソーシャルワークの意義』全国児童養護施設協議会．

笠師千恵・小橋明子（2014）『相談援助　保育相談支援』中山書店．

石井信子・藤井裕子ほか（2014）『乳幼児の発達臨床と保育カウンセリング　改訂版』ふくろう出版．

原田正文編著（2018）『赤ちゃんがきた！』NPO法人こころの子育てインターねっと関西．

（藤井裕子）

コラム7　コンサルテーションとスーパービジョン

　この2つの言葉，初めて目にするかもしれない。しかし，保育士・幼稚園教諭をはじめとした，対人援助職（たとえば，社会福祉士，精神保健福祉士，臨床心理士）の立場になった際には，必ず経験することになる。

　まずは，「コンサルテーション（consultation）」の説明から入ろう。コンサルテーションについて体系化した人物にキャプランがいる。キャプラン（1970）は，その著書で「コンサルテーションという用語は2名の専門家，つまり，1人はコンサルタントであり，他の一人はコンサルティ（consultee）であるが，この両者の相互的活動を示す（中略）コンサルタントは専門家であり，コンサルティは当面の問題を処理するにあたってある困難が生じた場合にその問題がコンサルタントの領分であると考えられた時に，彼の助力を求める人なのである」と定義している。日本においては，コミュニティ心理学会（2007）が「一方をコンサルタント（consultant），他方をコンサルティ（consultee）と呼ぶ異なる領域の専門家の間の相互作用であり，（中略）心理的な様々な問題の解決がコンサルティの仕事の中で効果的に行われるように，心理や精神保健の専門家（コンサルタント）が側面から協力していく働きかけ（間接的援助）」と定義している。

　次に，「スーパービジョン（super-vision，以下SV）」の説明に移ろう。社会福祉用語辞典第9版（2014）によれば，SVとは，「社会福祉施設・機関において実施されるスーパーバイザーによるスーパーバイジーに対する管理的・教育的・支持的機能を遂行していく過程のこと」と定義されており，その発祥については，「スーパービジョンの源流は，慈善組織協会（COS）における友愛訪問員の指導に当たった有給職員（エージェント）の活動にある。（中略）わが国に本格的に導入されたのは，第2次世界大戦後である」としている。SVの形態には，1対1で行う個人SV，一人のスーパーバイザーの下，複数のスーパーバイジーに実施するグループSV，などがある。

　最後に，「コンサルテーション」と「スーパービジョン」の相違について触れておこう。「コンサルテーション」においては，コンサルタントはコンサルティとの関係が平等である。（例えば，スクールカウンセラーと教員は上下関係ではない）「スーパービジョン」においては，上記の説明の通り，バイザーはバイジーに対し，管理的・教育的・支持的関係にあり，指導的関係となる。

　「コンサルテーション」も「スーパービジョン」も，福祉・心理・看護といった分野の専門職の養成や研修の一つとして広く使われており，保育者もその例外ではない。自分の出会った子ども・保護者へのよりよい支援に結びつくように，この2つを利用して自らの実践，そして自らの学びを深めるための大切な道具として活用していきたい。

参考文献
キャプラン，G.，新福尚武監訳（1970）『予防精神医学』朝倉書店．
コミュニティ心理学会編（2007）『コミュニティ心理学ハンドブック』東京大学出版会．
山縣文治・柏女霊峰編集委員代表（2014）『社会福祉用語辞典　第9版』ミネルヴァ書房．

（別所　崇）

Ⅳ
子育て支援の実際と課題

第15章　環境を通した子育て支援

　本章では，通園児の保護者と在宅子育て家庭における環境を通した子育て支援について考える。保育の場の環境構成や保育実践に着目しながら，親主体の子育て支援がどのように機能するのか，事例をみながら具体的に検討する。

1．親アイデンティティの確立と子育て支援

（1）親主体の子育て支援

　子どもを主体とした子育て支援であれば，親は子どもにとって「環境」という位置づけである。しかし，親が子どもの環境という位置づけでは，親の子育て負担感や不安感などの子育て困難感を拭うことは難しい。親に寄り添う，親を主体とした親支援をどのように考えたらいいだろうか。

　図15-1は，人のライフサイクル（生活周期）図である。人は，誕生してからそれぞれの人生の段階を経て，子どもを産むことで親になる。子どもを抱くのはわが子が初めて，という子育て経験のない親が6割近い（原田正文兵庫レポート2003）[1]という時代背景の中で，子どもを育てることに困難感を抱く親が多いことも容易に理解できる。子育てがつらい，子育てが不安，子育てがうまくできない自分が許せない，自分の時間が欲しい，もっと親らしくなりたい，など人生で初めて親役割をもったがゆえに抱える思いや気持ちである。そんな親の気持ちや思いに寄り添い，親役割を果たすために環境を調整する，または親が環境に適応できるように支援すること，それが親主体の子育て支援だととらえる。

1　兵庫レポート：著者の原田は小児・思春期専門外来精神科医である。1980年に「大阪レポート」を発表し，親の出産前の育児経験不足と孤立化が子育て不安や子どもの心の発達に大きな影響を与えることを警鐘した。23年後の2003年に兵庫での子育て実態調査結果をふまえて兵庫レポートを発表した。乳幼児期の子育てが変わらなければ，思春期の問題も本質的には解決しないという考えのもとで，現在の子育て支援施策や支援現場に多大な影響を与えた。

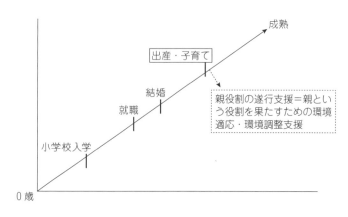

図15-1　ライフサイクルと親主体の子育て支援

（2）親役割と親アイデンティティ

では，親役割とは何だろうか。本章においては，大森・太田（2013）の研究などから，親役割を「自分（親）の親としての役割を受容し，子どもの生命や安全に関して保護し，子どもが社会的存在になるべく心身の発達を促すこと」と定義する。そして，エリクソンの心理社会的発達課題によると，人は青少年期にアイデンティティを確立するように発達すると考えられるが，同様に，人は子どもを出産し親役割を得ると，「親アイデンティティ」の確立に向けて発達すると考える。その視点で親の発達を理解すると，親主体の子育て支援の意味と役割が一層理解しやすい。

「親アイデンティティ」とは，親役割に基づく親意識の一貫性と連続性を，他者と共有することによって発生する自分が親であるという感覚である（寺田ほか，2016）。では，「他者」とは誰であろうか。「他者」とは，子ども，家族，友人，子育て支援者などであると考えるが，本章では保育所，こども園などの保育の場に焦点を当てて検討する。

子どもが日々通う保育所やこども園の物理的環境や保育実践が，どのように親アイデンティティを発達させ，子育て支援として機能するのか，大阪府貝塚市に在るおおぞらこども園の事例を通して，保護者の「親アイデンティティ」確立に向けた保育環境を考える。

2．保護者への子育て支援

（1）環境構成から子育てを学ぶ

園の保育理念が，保育の環境構成をつくり，保育実践に展開する。おおぞらこども園の法人理念は「使命を原理とし，和を基礎とし，相互扶助を目的とす」であり，園のイメージテーマとして「大きな家庭，大きな家族」を掲げている。園が，家庭，家族のぬくもりを感じ，「癒し，励まし，安らぎの場」であることを目標にしている。そして一人ひとりの健やかな成長とともに，仲間を大切にすること，お互いに力を貸し，助け合いの精神を育てる場であることをめざしている。それは子育て支援に向けた理念においても同様であり，同園では，一人ひとりの保護者を大切にし，保護者同士が助け合い，親として成長する場を支援することをめざしている。

① 生活環境を大切にする

おおぞらこども園の一日のスタートは，園庭に咲き誇るハーブの香りを園内に届けることから始まる。自然の草木からのパワーがほのかな香りと共に子どもと保護者を迎え入れる。自然を取り入れる日常の何気ない生活

---

2 アイデンティティ：自己における斉一性と連続性の意識を他者と共有することによって発生する自分が自分である」という感覚（谷村千絵（2000）「E.H. エリクソンのcare概念に関する考察——他者への関心と自己へのまなざし」『大阪大学教育学年報』5.）

3 おおぞらこども園：社会福祉法人脇浜保育園中和子園長。昭和30年にわきはま保育園が創設される。昭和45年に社会福祉法人となり，平成14年におおぞら保育園が新設された。平成30年4月に幼保連携型認定こども園に移行した。中和子園長によると，各年齢毎の保育研究テーマやその実践，日々の保育内容や保育の成果，給食献立等，努めて同園のHPにアップし公開していること，また，地域の小・中学校とHPがリンクしており，教育の連携化など，Webを活用した情報の公開化が，地域や保護者からの信頼を得ている大きな理由である，という。

Ⅳ　子育て支援の実際と課題

の一つひとつが，子どもの感性や自然を慈しむ心を育てることを，保護者は毎日通う園から学ぶ。

写真15－1　ハーブで子どもと保護者をお出迎え
ほのかな香りが「今日も元気に園に来たね」という温かい励ましを，子どもと保護者に送ってくれる。

写真15－2　いちごのポット
いのちをもつ植物が園のいたるところに大切に置かれている。多忙な保護者も思わずいのち輝く自然に目がいき，気持ちが和む。

写真15－3　子どもたちのくつ箱にそっと置かれたハーブ
くつ箱も単なる箱ではなく，子どもの成長を愛しむかのように構成されている。土足であるにもかかわらず，棚の上に大切に置かれている。保護者は，園に置かれた「もの」という環境を通して，子どもを敬い尊重する園の姿勢を感じ取り，園に対して子育てのパートナーになり得る信頼感を抱くことだろう。

② 子どもの安らぎ環境を再認識する

　どのような環境構成が子どもに安らぎを与えるのだろうか。

　おおぞらこども園では，できるだけ家庭と同じ環境をつくり，子どもに安心感を与えるように意識している。保護者は保育室をみることによって，家庭という環境が与えるやすらぎを客観的に体験することができる。そして自身の家庭での安らぎの環境構成を，保護者は再認識することができる。

写真15-4　コーナーで仕切る保育室（1歳児）
　どの保育室も，細かく空間を仕切り，子どもの目線に合わせて低層の棚を置く。柔らかい色調を用い，天蓋（てんがい）を施すことによって，子どもに安らぎを与える。畳，ソファ，植物などを置いて，家庭で生活する雰囲気を大切にする。

③ 親と子の隠れ場所的存在を大切にする

写真15-5　のんびりルーム
　集団の場であるからこそ，人は時として一人になりたい時がある。それは，子どもであっても，大人であっても同じである。保護者や子どもたちの自己の回復の場として，「のんびりルーム」が存在する。誰にも邪魔されず，自分の世界に浸ることのできる，園における隠れ場所的存在である。一人ひとりの子どもや保護者の心を大切にしたいという園の保育観が「のんびりルーム」という保育環境をつくる。「のんびりルーム」は，親同士や親子の交流の場としても活用されている。

Ⅳ 子育て支援の実際と課題

（2）保育実践から子どもの発達を学ぶ

　日々の保育実践は，保護者の理解のもとで展開される。子どもは，保育で得た感動や思いを家庭に持ち帰り，保護者と共有することで，子どもの心身はさらに健やかに発達する。保護者は，泥だらけになったTシャツや準備したエプロンなどを通して，心と身体を解放する遊びや生活技術の学びが，どのように子どもの発達に働きかけるのかを学ぶことができる。

4　フェアリーキッズ活動：自然を身近に感じる環境にはたらきける活動。乳幼児期より自然に触れ，自然を身近で感じながら，自分で考えて行動できる力を養う。おおぞらこども園では，5歳児から自然遊学館の協力のもと，毎月1回，フェアリーキッズ活動を行っている。近隣にある市民の森で，子どもたちは木登り，秘密基地造り等，さまざまな体験をし，食事は給食室で準備したお弁当を食べ，3時頃まで自然学習を楽しむ。

写真15-6
フェアリーキッズ活動 1

写真15-7　フェアリーキッズ活動 2

写真15-8　泥んこになって遊ぶ

写真15-9　ミニトマトを包丁で切る

3．地域の在宅家庭における子育て支援
―― 地域子育て支援拠点として

　おおぞらこども園では，地域の在宅子育て家庭に向けた支援だけでなく，地域に住む住民の子育て支援に向けた思いの実現の場でもある。保育実践は園単独の考えだけでは成立しない。保護者や地域住民の協力や理解を得て，保育が成立し，地域の保育の場になり，子育て支援の場になる。
　園には数えきれない程の地域住民が制作した作品が置かれている。子どもたちが毎日遊ぶ教材も地域住民の手作りのものが多い。来園する在宅保

第15章 環境を通した子育て支援

写真15-10 ドールハウス
玄関ホールに置かれた園児の背丈より大きいドールハウスは、地域住民の手作り作品である。子どもたちは、小さな手で椅子、テーブル、人形など自由に動かし、自分の世界を膨らませる。

写真15-11 ドールハウスの中

写真15-12 教具も地域住民の作品

写真15-13 自動車も地域住民の作品

護者や通園保護者は、地域住民の子どもにむける温かいまなざしと思いに触れて、自分の子育てが決して孤立したものではなく、地域に支えられているということを肌で感じることだろう。

「もの」の特性が潜在的な活動の価値を担うものとしてとらえると、保育者の世界観、人間観、保育観が、保護者や地域住民を動かし、「もの」に自己の表現性が製作される。その「もの」のもつ潜在的活用性が、保育環境、子育て支援環境をつくり、在宅保護者、通園保護者を支える。

IV 子育て支援の実際と課題

> **演習問題**
>
> みなさんが実習にいった園では，どのような保育理念のもとで環境構成がされていただろうか。通園保護者や在宅保護者はその環境にふれて，親としてどのように感じただろうか。親支援として機能したと思われる環境について整理してみよう。

引用・参考文献

大森弘子・太田仁（2013）「保育士と母親の親役割認知の比較検討」『佛教大学社会福祉学部論集』9．

寺田恭子・野原留美他（2016）「子どもの主体性を育てる親の主体性分析に関する研究――親と子の関係性の視点から」『プール学院大学研究紀要』第57号．

（寺田恭子）

第16章　送迎時における子育て支援

　保育士にとって，朝夕の送迎の時間は，保護者と直接顔を合わせる貴重な機会である。本章では，まず，送迎時における子育て支援の重要性について理解を深める。そして，保護者とかかわる上での基本姿勢とポイントについて見ていく。[1]

[1] 本章で取り上げる事例はすべて，さまざまな実例を組み合わせて筆者が創作したものである。

1．送迎時における子育て支援の重要性

　送迎時における「子ども」「保護者」「保育士」の三者による日常的なかかわりは，ほかの専門職がもちえない貴重な機会であり，子育て支援では，こうした日々のコミュニケーションを意識的に活用していくことが求められる（柏女・橋本，2011）。何気ない日常の会話を通して保護者と保育士はお互いについて知り合い，子どもにかかわる情報を交換，共有する。保育士は保護者の語りの中から，家庭での子どもの姿や親子関係に思いをめぐらし，それを保育や子育て支援に活かしていく。

　他方，保護者も保育士の言葉の端々から，自分の知らないわが子の姿を知り，それに一喜一憂しながら，その子の親として育っていく。松尾（2014）が指摘するように，子どもの24時間を保育士と保護者がつなぎ合うことが重要であり，そうしたやりとりを通じて，三者の関係は深まり，信頼関係が構築されていく。子育て支援は，こうして築き上げられた信頼関係が基盤となって成り立つと考えられる。

2．送迎時における子育て支援の基本姿勢

（1）保護者の多様性を念頭に置く

　保育士の数ある業務の中でも，送迎時をとらえた保護者との関係づくりは非常に重要なものであるが，保護者とのコミュニケーションに困難を感じる保育士は少なくない（成田，2012；善本，2003）。とりわけ，子育て経験のない新人の保育士にとって，自分よりも年上の保護者とのコミュニケーションに苦手意識をもつことは，ある意味，仕方のないことかもしれない（片山，2016）。

　しかし，実際のところ，保育所の送迎に苦手意識をもつ保護者も少なくはないのである。よく聞かれるのは，お迎えで一緒になる他の保護者との付き合いがどうも苦手という声や，仕事から疲れて帰ってきて早く帰宅し

たいのに，保育士や保護者と会話をすることがわずらわしいという声である。この他にも，たまの送迎で居心地の悪さを感じている父親や，そもそも人付き合いが苦手という保護者もいるだろう。もとより，「保護者」と一口にいっても，若年，高齢，外国籍，ひとり親，生活保護家庭，障害や疾患のある保護者などさまざまであり，それぞれが多様な背景や事情を抱えているのである。こうした保護者の多様性を念頭に置きながら，すべての親子が翌日も笑顔で登園できるよう，一人ひとりの保護者と丁寧にかかわることが大切である。

　また，保護者の中には，気軽に話のできるタイプの人もいれば，そうでない人もいるだろう。保育士は，対人援助のプロとして，話しかけやすい一部の保護者だけではなく，どの保護者とも平等にかかわることができなければならない。保護者は，案外，そういった保育士の姿を見ているものである。ただし，ここでいう平等とは，決して機械的なものではない。当然のことながら，その時どきで，より一層の支援を必要とする親子は存在するし（家族関係の変化や虐待の傾向など），必要に応じて積極的に声かけをするなど，保育士による特別な援助が必要な場合もあるだろう。こうしたかかわりの濃淡はありつつも，どの親子にも個別支援の潜在的なニーズがあると仮定し，すべての保護者に対して「いつでも相談に乗りますよ」というメッセージが伝わるよう心を配ることが重要である。

（2）保護者への共感的理解

　朝，自分の身支度をしてから子どもを起こし，顔を洗って服を着せ，遊びたがる子どもに何とか朝食を食べさせ，時には弁当も作る。車に乗せてもすんなりとチャイルドシートに座ってくれるわけではない。座ったと思ったら，「オシッコ」ということもある。保育所に到着しても，真っすぐ玄関ホールに入ってくれるわけではない。その日の気分で，門の向こう側に行きたくないときもあるし，靴を脱ぎたくないときもある。なんとなく親に甘えたくて，ダラダラしているときもある。そんなこともあろうかと，時間に余裕をもって行動してはいるものの，頭の中で駅までの時間を再計算しながらイライラを募らせていく自分がいる。そのようなとき，保育士から「もう少し早く保育所に連れて来てください」と頭ごなしに言われたらどうだろう。

　あるいは，お迎えの時間に間に合うよう，その日の仕事を途中で終えて電車に飛び乗る。車内では，子どもを寝かせるまでの時間を逆算しながら，夕食の献立を考え（野菜嫌いの子どもに何を食べさせたらいいだろう？），お迎えの前にスーパーへ行き（子どもが一緒だと倍の時間がかかってしま

う!),何とか5時に間に合う。帰宅したら夕ご飯を作り食べさせ,お風呂に入れ,寝かしつけるまでゆうに3時間はかかるから(残りの仕事を片付けたいし,遅くとも9時には子どもを寝かせたい!),今日のお迎えは簡単な挨拶だけで切り上げたい。それにもかかわらず,「○○ちゃんは今日もお野菜を残しました。お家でも努力してください」などと"お説教"されたら,保育士の話を素直に聞けるだろうか。

　吉田(2007)は,保護者支援の鉄則として「目の前に座られている保護者が,これまでずっと最善の手を取り続けてこられたのだということを肝に銘ずる」ことを第一に挙げている。子育てと仕事を必死にこなしている保護者に対し,正論を言うのは簡単である。しかし,こうした保護者の状況に対して共感的理解がなければ,保護者は,「この保育士には自分の気持ちはわかってもらえない」という思いを募らせるだけである。人は,わかってもらえて初めて,自分の行動を省みることができるようになる。まずは,保護者が置かれている状況をしっかりと受け止めてあげられるような保育士であってほしい。

3. 送迎時におけるかかわりのポイント

(1) 朝の登園の時間

　まず,笑顔で挨拶をし,保護者と子どもの様子をよく観察しよう。出勤前の保護者は,時間的にも精神的にも余裕がないことが多く,よほど重要な連絡事項がない限りは,挨拶程度の会話と子どもの体調確認をし,子どもの受け入れを行う。以下に,朝の登園時の一事例を紹介する。

〈事例1〉出勤前の母親と登園をしぶる子どもへの対応
　母親から離れがたくて泣くことの多い年少児のアイちゃん。今朝の登園でも,アイちゃんは母親にしがみついて離れず,出勤前の母親の表情が険しくなっていた。それに気づいた保育士は,アイちゃん親子に近づき,「アイちゃんおはよう。先生といっしょに,お母さんにいってらっしゃいしようか」と言って,アイちゃんをお母さんから抱き上げた。
　母親は「先生すみません。アイがなかなか離れてくれなくて。でも,仕事に遅れるわけにはいかないし,イライラしてきてしまって」と申し訳なさそうに言った。
　保育士は「お母さんごめんね。アイちゃんはお母さんが大好きだから,離れたくなくて泣いちゃうけど,お母さんもお仕事があるものね。アイちゃんも頑張るから,お母さんもお仕事頑張ってきてね」と伝えた。母親は「お願いしま

> す」とようやく笑顔を見せ，アイちゃんの頭をなでた。

　子どもが保護者と離れるのを嫌がって泣くのは，保育所ではよく見られる光景である。この事例の保育士の行動を「保育相談支援技術」の観点から読み解いてみると，保育士はまず，アイちゃん親子の様子を「観察」して，母親の焦る気持ちを「読み取り」，親子の「気持ちの代弁」を通して，母親の気持ちを落ち着かせていることがわかる。このように，子どもが登園をしぶる場合は，保護者が安心して子どもを預けて仕事に向かうことができるよう，子どもの気持ちの切り替えを助けることも大切な援助である。

（2）夕方のお迎えの時間

　夕方は，保護者の様子を確認しつつ，園での子どもの様子を伝えるようにする。連絡帳とともに，保育士からの毎日の報告を楽しみにしている保護者は多い。特に，その日の子どもの頑張りや成長を伝えることで，子どもは保護者にも認められ，満足した気持ちで保育所の一日を締めくくることができる（荒井，1997）。

　この他，「連絡帳にも書きましたが」などと前置きをしながら，文章では伝えきれなかったニュアンスを補足として伝えたり，「今日も洗濯物が多くってごめんなさいね」や「お忙しい中，美味しそうなお弁当をありがとうございました」などと，保護者をねぎらうような言葉をかけるのも良いだろう。保育士の側から，「この前おっしゃっていた○○は，その後，どうなりましたか」と切り出すことも，「この先生は私たち親子のことをちゃんと気にかけてくれているのだな」という温かなメッセージとして伝わる。なお，保護者に確実に伝えるべき報告・連絡事項がある場合，伝え忘れのないよう，保育士同士の連携が必要である。もし伝え忘れがあった場合は，後に電話連絡でフォローすることも重要であろう。

　時間にゆとりがあるようであれば，保護者を子どもの遊びに誘って，会話や遊びを楽しんだり，保護者の話を「傾聴」したり，さりげなくかかわりの「行動見本」を示すこともできる。こうした中で，たとえば，我が子へのかかわりに悩んでいた保護者が，かかわりのヒントや子どもに対する違った見方を得たり，個別支援につながったりすることもある。

　ただし，送迎時における子育て支援は，周囲に他の保護者や保育士がいるなかで展開されることに留意し，個人情報やプライバシーに深く触れることは控えるべきである。

（3）保護者に子どもの怪我や事故を伝える際の留意点

　保護者に子どもの事故や怪我などを伝える必要がある場合は、連絡帳などの文面ではなく、送迎時に口頭で行うべきである。たとえば、子ども同士のケンカで相手の子どもを傷つけてしまったことを伝える際は、次の事例のように、その日のうちに、謝罪とともに状況を詳しく知らせる必要がある。

〈事例2〉子どものいざこざと怪我を伝える時の対応

　普段から仲良しのジュンとハルであるが、電車のおもちゃを取り合いになり、ジュンがハルの腕をつねってアザが残ってしまった。

　担任保育士は、お迎えの際、ジュンの母親に対して「お母さんごめんなさい。今日、自由遊びの時間に、ジュンちゃんとハルちゃんが電車のおもちゃの取り合いになって、ジュンちゃんがハルちゃんの腕を強くつねってしまったんです。まだ、なかなか自分の思いを言葉にできない年齢なのに、保育士が付いておきながら、申し訳ありませんでした」と言った。

　ジュンの母親は「えー。ごめんなさい。ハルちゃんの怪我は大丈夫ですか」と聞くので、「冷やして様子を見ましたが、今日のところは少しだけアザが残ってしまいました」と正直に伝えた。

　すると、母親はジュンの顔を見て「もう、なんでつねるの。そんなことしたらダメでしょう」と厳しく叱責するので、保育士は「ジュンちゃんには、その時、欲しい時は『貸して』と言うんだよとお話しました。ハルちゃんには『ごめんなさい』を言うこともできましたよ」と伝えた。

　この事例において、保育士は、子ども同士のいざこざについて、単に事実や結果を伝えるのではなく、保育士の注意が足らなかったことを謝罪するとともに、いざこざが生じた理由や保育士のその後の対応なども丁寧に説明している。こうした一つひとつの出来事に対して誠実に対応することが、保護者との信頼関係の構築につながることを理解したい。

　以上、送迎時における子育て支援のポイントを見てきた。慌ただしい日常の中で、また、幼子を保育所に預けて働くことへの罪悪感に悩む保護者もいる中で、「子どもをここに預けて良かった」と安心してもらえるような保育実践を目指してほしい。

　そして、大人の日常とは違った、ゆったりとした時の流れや、保育士の笑顔の温かみ、爽やかさを感じてもらい、保護者に「子どもともう少しここにいられたらいいのにな」と思ってもらえるような環境作りができたら良いのではないだろうか。

> **演習問題**
>
> 1. 保育士,保護者,観察者の役に分かれて,朝の登園の場面をロールプレイしてみよう。そして,お互いに感想を伝え合おう。
> 2. おもちゃの取り合いで,相手の子どもに腕を嚙まれて歯形が残ってしまったことについて,保護者にはどのように伝えたらよいだろうか。
> 3. 朝,登園が遅れがちな子どもの保護者に対して,もう少し早く登園するよう促すにはどうしたらよいだろうか。

引用・参考文献

荒井恭子(1997)「登園時,降園時大切にしたいこと」『教育じほう』591:34-37.

柏女霊峰・橋本真紀編著(2011)『保育相談支援』ミネルヴァ書房.

片山美香(2016)「保育者が有する保護者支援の特徴に関する探索的研究－保育者養成校における教授内容の検討に活かすために」『岡山大学教師教育開発センター紀要』6:11-20.

中平絢子・馬場訓子・髙橋敏之(2014)「信頼関係の構築を促進する保育所保育士の保護者支援」『岡山大学教師教育開発センター紀要』4:63-71.

成田朋子(2012)「保護者対応に求められる保育者のコミュニケーション力」『名古屋柳城短期大学研究紀要』34:65-76.

松尾寛子(2014)「在園児と保護者に対する子育て支援を見越した関係構築のあり方についての基礎的研究――保育所等における登降園時の子どもの預かり方と返し方について」『神戸常盤大学紀要』7:1-8.

吉田圭吾(2007)『教師のための教育相談の技術』金子書房.

善本孝(2003)「保育におけるコミュニケーション――保育士に求められるコミュニケーション能力に関する調査から」『横浜女子短期大学紀要』18:47-64.

(磯部美良)

第17章　個人面談，懇談会における子育て支援

　本章では，保育士の行う個人面談，懇談会を通した子育て支援の実際について学ぶ。まず，個人面談にはどのようなものがあるかを知り，面談を行う際の保育士の態度等，基本事項を理解する。次に，それぞれの個人面談の目的や留意点，傾聴技法について学び，実践事例をもとに理解を深める。最後に，懇談会の目的およびグループディスカッションの方法と留意点について学ぶ。[1]

[1] 本章で取り上げる事例はすべて，さまざまな実例を組み合わせて筆者が創作したものである。

1．保育士の行う個人面談

（1）個人面談とその種類

　個人面談とは，あらかじめ日時を設定し，保護者と保育士が子どもの育ちや子育て，家庭の様子等について話し合う機会をもつものである。

　保育士の行う個人面談は，「個人懇談」と「必要に応じて行う個人面談」の大きく2つに分けられ，それぞれに目的や留意点は異なってくる。

　いずれの個人面談も，日頃，落ち着いて話す機会の少ない保護者と保育士が，静かな空間で向き合い，対話を通して相互に理解を深めることのできる貴重な機会である。

（2）個人面談を行う際の基本事項
① 保育士の基本的態度

　個人面談の前は，保護者は保育士以上に不安や緊張を感じているものである。まずは保育士自身がリラックスして，あたたかな雰囲気で保護者を迎えるよう心がけたい。

　面談中の保育士の態度は，カウンセリングの基本的態度が参考になる。カール・ロジャーズ[2]が提唱した3つの原則，すなわち，① 共感的理解：保護者の思いや感情を共感的に理解しようとすること，② 無条件の肯定的関心：保護者をありのまま肯定的に受け止め関心をもって聴くこと，③ 自己一致：保育士自身の思いや感情も大事にすることである。これらの態度は，対人援助職の基本的態度として推奨されている。なお，面談中の言葉遣いには十分に注意し，敬語で話すこと，たとえ日頃から親しみを感じる保護者であっても，適切な距離感を心がけることが，子育てのパートナーとしての信頼関係の維持につながる。

[2] カール・ロジャーズ（1902～1987）：アメリカの臨床心理学者。カウンセリングの技法研究において来談者中心療法を創始し，日本にも大きな影響を与えた。

② 事前準備と終了後の記録

　個人面談を行う前には、子どもの様子や発達の状況、話題にしたい事柄について事前に整理しておくことが大切になる。特に個人懇談では、1日に複数の保護者と面談することになるため、それぞれの子どもについて話題にしたい事柄のポイントをまとめておくと、保育士自身が混乱しなくてすむ。

　また、面談終了後は、その後の保育や保護者支援に生かしていくため、保護者から話されたこと、保育士から伝えたことを記録に残しておく。家庭の問題や変化など、子どもの今後にかかわる重要なことを打ち明けられた場合は、主任や園長に報告することも忘れてはならない。

2．個人面談と子育て支援

（1）個人懇談の目的および方法

　個人懇談は、年に2～3回、いわゆる学期末等の節目に行われることが多い。開催期間の約1か月前に保護者に案内し、10～15分の時間枠で日程を調整し、実施する。

　個人懇談の目的は、その時点までの子どもの姿や発達の様子を保護者と保育士が共有し、課題や今後の目標を確認することである。限られた時間内で行うため、進め方や時間配分に留意する必要がある。

　まず保育士から、園での子どもの良い変化やがんばりの様子を、具体的なエピソードを交えて伝える。次に家庭での様子や気になっていることを保護者にたずね、保育士から見て気になっていることがあれば伝えて、現在の課題と今後の目標を話し合い、共有していく。その際、時間が限られているからと、準備した内容だけを保育士から一方的に伝えるのではなく、できるだけ保護者と目線を合わせ、コミュニケーションを心がけて、保護者にも発言してもらうようにしたい。また、保護者の発言の中の、子どもへの良いかかわりや工夫していることを聞き逃さず、「支持」や「承認」を通して子どもの成長を喜び合うことも大切である。それが保護者の子育てへの自信につながると同時に、短い時間であっても信頼関係を深めるきっかけになるからである。

　個人懇談は、日頃あまりコミュニケーションが取れていない保護者と良好な関係を築くチャンスでもあるが、思いがけない質問や不満が話されることもある。そのような時こそ落ち着いて保護者の心情に寄り添い、傾聴することを心がけたい。

〈事例1〉子どもの"仲間外れ"を心配していた母親

　5歳児クラスのA君は、明るく活発な男の子で、園ではB君、C君と一緒に園庭で遊んでいることが多い。一方、A君の母親は、担任保育士から見ると物静かな印象で、母親の方からA君の家での様子を伝えてきたり、園での様子を聞いてきたりすることはなかった。

　7月の個人懇談で、担任は母親に、「A君は、B君、C君と3人で仲良く園庭で遊んでいることが多く、先日も元気に鬼ごっこをしていました」とA君の様子を伝えた。すると、うつむいて聞いていた母親は、顔を上げると「たしかにAは、B君、C君とよく遊んでいるようです。でもAの話では、2人から仲間外れにされているようなのです。先日も鬼ごっこで鬼ばかりさせられたと言って落ち込んでいました。先生はご存知でしたか？」。担任は、A君が仲間外れにされている様子は見たことがなく、母親の話に戸惑った。そこで、「A君が仲間外れにされているような様子は見たことがなく、A君からも聞いていませんでした」と率直に伝え、「お母さん、そのことをずっと不安に感じておられたのですね。A君はお家で、どのように話していますか？」とたずね、母親の話を一つ一つ丁寧に聴いていった。すると、3人で遊ぶ中で、どうしても2対1になる時があること、しかしA君だけがいつも一人になるわけではなく、「次はオレも！」と主張できていることが明らかになった。母親は、不安になりすぎていたことに気づき、「そういえばAは、仲間外れにされているとは一言も言っていませんでした。嫌なことがあっても仲良く遊べているなら大丈夫でしょうか」と聞いてこられた。担任は、「お母さんのおっしゃる通りだと思います。子どもは自分たちで解決方法を学んでいきます。それにA君は、園で嫌だったことをお母さんに話せていますね。それはとても良いことだと思います」と伝えた。「念のため、しばらくの間3人の遊ぶ様子を注意して見守っていきますね」と伝えると、母親は安心した表情になり、「気になっていたことを先生に話せて良かったです。これからもよろしくお願いします」と笑顔で帰って行った。

　日頃、あまりコミュニケーションがとれていなかった保護者との個人懇談の一例である。担任は、保護者から思いがけないことを言われて戸惑ったが、母親の不安を受け止めながら丁寧に傾聴することで子どもの実際の様子が明らかになり、保護者と共有することができた。また、「支持」や「承認」などを行うことにより、保護者を安心に導き、信頼関係を深めることができたと考えられる。

(2) 必要に応じて行う個人面談の目的および方法

　個人懇談とは別に、子どもの発達や子育て、家庭の問題などについて、

保護者とじっくりと話し合う必要がある場合，必要に応じて保護者と日時を調整し，個人面談を行う。

必要に応じて行う個人面談には，保育士から保護者に呼びかけて始まる場合と，保護者から申し出がある場合がある。いずれの場合も，子どもや保護者にとって繊細な問題を話し合うことになるため，2人だけになれる，静かで落ち着いた部屋を用意することが望ましい。また，面談を行う際は，個人懇談の時以上に，相談援助技術，とりわけカウンセリングの傾聴技法を用いることが有効である。

まず，保護者の思いや考えを聴く時は，最後までしっかりと傾聴する。保護者の方に目線を向け，深くうなずいたり（うなずき），「そうですか」「なるほど」などの言葉を意識して発しながら（相槌），肯定的に受け止めていく。内容が分かりにくい時は，そのままにせず，質問をして確認することも大事であるが，一方的な質問ばかりにならないよう気をつける。また，タイミングを見計らって「〜があり，その時にお母さんは，〜と感じたのですね」と確認するなどして（要約），保護者の思いを受け止めていく。話される内容を把握することも大事だが，保護者の「今，ここでの感情」に寄り添い，しっかりと受け止めることが大切になってくる。このような保育士の傾聴の態度により，保護者は自分の話を否定されずに聞いてもらえたと感じる。そして課題が共有できれば，解決の方向性を一緒に考えていく。その時も保育士は保護者の心情に寄り添い，保育士から何らかの見解や提案を伝える時は，一方的，指導的にならないよう，「情報提供」や「依頼」の形で伝える方が伝わりやすい。

このような対話を経て，最終的には保護者の自己決定を尊重し，一定の方向性をお互いに確認する。保護者が保育士に受け止められ，理解されたと感じることができれば，個人面談を通してより一層，信頼関係を深めることができる。

〈事例2〉「障がいがあるのでは」と気にしていた母親

5月のある日，担任保育士は，4歳になったばかりのD美ちゃんのお母さんがお迎えに来た時，「先生，うちの子，障がいがあると思いますか？」と突然声をかけられた。担任は，不安そうな母親の表情を見て，「お母さん，今から少しお時間はありますか？　あちらのお部屋で，お話聞かせていただけますか？」と声をかけたが，今日はすぐに帰らなければならないとのこと。担任は，早く面談を行った方が良いと判断し，母親に都合を聞き，明後日に面談を約束した。担任はパート保育士に事前に事情を伝え，その日の他児の送迎の対応を依頼した。

第17章　個人面談，懇談会における子育て支援

　　当日，保育室から少し離れた静かな別室で面談を行った。母親は涙ぐみなが
　ら，「2歳の妹がよくしゃべるようになってきたが，D美はあまり話さないし，
　こちらの話も理解していないように見えて……。先日の3歳半健診では，言葉
　が少し遅れているが心配するほどではないと言われたんです。でも，親として
　は気になってしまって。こだわりも強いように感じますし，何か障がいがある
　のではないかと，不安な気持ちがおさまらないんです」と話した。担任は，母
　親の不安な気持ちを受け止め，質問や要約をしながら傾聴に努めた。ひとしき
　り話すと，母親は大きく息を吐き，「話を聞いていただき，何だか少し気持ち
　が楽になりました。……先生から見て，D美は障がいがあると思いますか？」。
　担任は，「D美ちゃんの担任になり，1か月ほどが経ちました。たしかに言葉
　数は少ないかなと思いますが，いつも仲良く遊んでいるEちゃんやF君とは，
　コミュニケーションが取れているようですし，絵本の読み聞かせの時も，興味
　をもって聞いてくれています。こちらからの指示にも遅れることはありません。
　ですので，障がいについては，感じたことはありませんでした」と伝えた。母
　親は担任の話を聞き，「つい妹と比較してしまい，私が過敏になっているだけ
　かもしれないですね」と答えた。担任は，母親が話してくれたことに感謝し，
　当面D美の様子を注意して見守ること，今後，必要に応じて連絡を取り合う
　ことを約束した。母親も落ち着いた表情になり，笑顔でD美と帰宅した。

3．懇談会と子育て支援

（1）懇談会とは
　懇談会は，クラスごとに行われることが多いが，学年合同で行われることもある。回数や頻度は園によってさまざまであり，保育参観の後や保育参加中に行われることが多い。個人懇談と同様，開催の1か月前までには保護者に案内する。
　懇談会の目的は，保護者と保育士が園の保育方針や活動内容を共有したり，意見交換を通して相互理解を図るなどして，より良い保育環境を共に作り上げていくことである。また，日頃，話をする機会の少ない保護者同士の交流を図ることも，子育て支援としての大きな役割のひとつである。
　近年，園の活動報告を行う際は，資料だけでなくパワーポイントなどの視聴覚機材を利用するなど，より保護者に伝わりやすい方法が工夫されている。また，園からの一方的な説明だけでなく，保護者に主体的に参加してもらうため，テーマに沿ったグループディスカッションやグループワークなどを積極的に行っている園もある。

（2）グループディスカッションにおける保育士の役割

テーマに沿ったグループディスカッションを行う際は，その時期の保護者にとって関心の高いテーマを選ぶことが大切である。たとえば，1～2歳児では「イヤイヤ期の子どもへの関わり」「食事で困っていること」，就学を控えた5～6歳児では「就学に向けて気になること」などである。

保育士は，ただ司会をするだけでなく会をスムーズに進行し，保護者が安心して参加し，自由に意見を言いやすい雰囲気を作る役割，すなわちファシリテーター（進行役）としての役割を担う。ファシリテーターは，最初にテーマと目的を分かりやすく説明し，話し合いが始まれば，基本的に見守りの姿勢をとる。特定の保護者ばかりが発言していたり，内容がテーマから大きく外れていく場合などは，適宜修正する対応を行う。発言が苦手そうな保護者にも目を配り，配慮しながら進行することが大切である。

保護者同士の自由な話し合いを促進しながらも，必要に応じて「解説」や「情報提供」「対応の提示」などを行い，保護者が子育てに関する新しい知識や気づきを得られるよう工夫することも必要である。最後に保育士がまとめを行い，終了となるが，忙しい中，時間を捻出して参加している保護者が多いので，終了時間はきちんと守ることも忘れてはならない。

> 3 ファシリテーター（facilitator）：促進者という意味をもつ。前掲のカール・ロジャーズがグループカウンセリングの研究において初めて使用した。現在はさまざまな分野で使用されている。

演習問題

1. それぞれの個人面談の特徴や留意点の違いについて，まとめてみよう。
2. 事例2の担任保育士の対応について，①面談設定について良いと思った点，②「質問や要約をしながら傾聴した」とあるが，具体的にどのような言葉がけがあったと思われるか ③感想　を話し合ってみよう。
3. 懇談会のグループディスカッションのテーマを，子どもの発達や年齢ごとに考えてみよう。

引用・参考文献

柏女霊峰・橋本真紀編著（2011）『保育相談支援』ミネルヴァ書房.

『実践・保育相談支援』青木紀久代編著（2015）みらい.

『保育相談支援』伊藤嘉余子（2013）青鞜社.

馬場禮子・青木紀久代編著（2002）『保育に生かす心理臨床』ミネルヴァ書房.

佐治守夫・岡村達也・保坂亨（2007）『カウンセリングを学ぶ――理論・体験・実習　第2版』東京大学出版会.

（高橋千香子）

コラム8　カナダの子育て支援

　世界中から移民や難民を受け入れてきたカナダ，なかでも政治経済の中心・オンタリオ州は人口の半数以上がアジア，中南米，アフリカ等の出身であり，多民族多文化が共生する社会は多様性に富む。さらにエコノミスト・インテリジェンス・ユニットの「Safe Cities Index 2017」によると，世界60都市の安全指数でオンタリオ州トロントは第4位，つまり，世界のなかで最も住みやすいまちに位置づいている。

　しかし，カナダは長きにわたり移民や難民の問題と向き合い，今なお2世3世の貧困，格差拡大に対峙する国でもある。子ども家庭支援も多様な背景をもつ家庭にいかに支援を届けるか，試行錯誤の歴史である。その歴史において，親に寄り添いエンパワーするサービスが数多く発展してきた。それらのサービスのひとつオンタリオ州のドロップインは，子育て中の親の育ち合いを大切にする居場所づくりであり，日本の地域子育て支援ひろば型のモデルにもなっている。ところが，オンタリオ州は，数多くのサービスを提供するだけでは最も支援が必要な家庭に届かない現実に直面する。州は2000年以降，支援の隙間からこぼれる家庭がないように，地域のサービスを統合しハブ化する政策に転換する。市は州の政策転換を受け，地域に点在するサービスを再編し，すべての子どもと家庭にサービスを届ける「コミュニティ・ハブ」の整備にのりだした。コミュニティ・ハブは，子どもの権利実現を根底に，子どもと家庭の不利に介入し，ワンストップでサービスを届ける最前線として市内各地区の地域資源を活用しながら整備をすすめた。トロントやハミルトンでは，誰もがハブにアクセスできるように，地区ごとに認知度の高い保育所，学校，コミュニティセンターなどをハブ化し，地区特性とニーズ分析を通じて新たなサービスを付加した。たとえば，貧困地区の保育所では，保育に加え親の学び直し，就業など，コミュニティセンターではドロップインに加え，虐待防止や親業を学ぶプログラム，メンタルヘルスなど多彩なサービスを提供している。結果，地域にひとつとして同じハブはなく，ハブ自体もニーズを拾い進化している。

　さらに2015年，州は「最も働きやすい，最も暮らしやすい，最も子育てしやすい」をスローガンに，子ども家庭支援はファミリーサービスを包含した「Human Service Integration」に移行する。トロントでは同じ地区で妊娠から高齢期までサービスをつなげ，低所得層には保育所で住宅支援につなぐなど新たな挑戦が始まっている。子育てに困りごとのある家庭に早い段階で支援を届け，しかも支援は子育て，家事，教育，医療，就業，住宅などを包含したサービス，その最前線がコミュニティ・ハブである。日本では児童福祉法改正により市町村で「地域子ども家庭支援拠点」の整備が努力義務化されたが，若干の飛躍を許せばコミュニティ・ハブと大枠では一致する。支援拠点の具体化に向け，カナダの実践から学べることがあるのではないか。

参考文献
畑千鶴乃・大谷由紀子・菊池幸工（2018）『子どもの権利最前線——カナダ・オンタリオ州の挑戦』かもがわ出版．

（大谷由紀子）

第18章　連絡ノート，園だより，クラスだよりを通した子育て支援

子どもを健やかに育てていくためには，保育所と保護者が協力し合いながら見守っていくことが大切である。そのためには，日々の子どもの様子をやりとりする連絡ノートや保育所から発行される園だよりやクラスだよりは重要な役割を果たす。本章では，保育所での子育て支援の手段の一つとして用いられている連絡ノート，園だより，クラスだよりについて実践事例を通して役割を学ぶ。[1]

> 1　本章で取り上げる事例はすべて，さまざまな実例を組み合わせて筆者が創作したものである。

1．連絡ノート

連絡ノートは，保育所と家庭とを結ぶ架け橋となるものである。子どもを一日を通して見守り，家庭と保育所が一体となって適切な保育をするために欠かせないものである。保育所にとっては，主に保育所での子どもの生活や遊びの様子を保護者へ伝えるために活用され，保護者にとっては，家庭における子どもの様子や，子育ての悩み等を相談するために活用されている。

（1）連絡ノートを活用した相談事例
Y美（2歳児）

6月8日（木）　天気（晴れ）
家庭より
園に通い始めて約1か月がたちました。園生活にも少しずつ慣れてきたのか，Y美も泣かずに園に行くようになり安心しています。ただ，園に行くまでは少し大変です。園に行くようになり，朝ごはんを食べさせなければと思うのですが，ごはんやパンを用意しても，「いらない！」と言って食べようとしません。どうにか食べさせようと思うのですが，最後には泣いてしまい，結局園での朝のおやつに頼ってしまっています。私にも朝食をとるという習慣がなく，どのようにすればY美が朝ごはんを食べるようになるのか分かりません。
保育所より
Y美ちゃんは，今日も保育所で楽しく過ごしていましたよ。最近は，大好きなパズルに夢中で，完成すると「できた！」と言って嬉しそうに見せてくれます。今日の給食では，お味噌汁を初めて残さず食べました。白いご飯は，小さなおにぎりにすると嬉しそうに頬張っていましたよ。苦手な野菜もお友だちが食

> べるのを見て，一口頑張りました。入園当初に比べて食べる量や食べられるものが増えてきているので，私も大変うれしく思っています。
>
> 　以前お話しを伺った時に，ご家庭では朝ごはんを食べる習慣がないとおっしゃられていましたね。でも，朝ごはんの準備をして頑張っておられるお母さん，とっても素晴らしいです！　ごはんは，給食のように小さなおにぎりにしてあげると食べるかもしれませんね。食事はみんなで囲んで食べると食欲がわきます。Y美ちゃんもお母さんと一緒に朝ごはんを食べられると嬉しいかもしれませんね。Y美ちゃんが朝ごはんを食べられるように私たちも一緒に考えたいと思います。

　このように，連絡ノートを活用して，保護者から育児の相談を受けることは日常的である。保育士は，このような相談を受けた場合は，必ずその相談について連絡ノートを使って返信をしたり，直接話を聞いたりするなど，保護者と迅速にかかわり対応することが必要となる。

　この事例では，朝ごはんを食べたがらないY美に困っている母親の様子が伝わってくる。ここでは，母親は食事面での悩みを抱えているので，まずは保育所でのY美の給食の様子を伝えることで，Y美の成長を感じ，安心感を抱いてもらう。その時に，保育士自身の気持ちを添えることで，Y美の成長を共に喜んでいるという姿勢を表すことも効果的である。このように，保育士としては，まずは保育所での子どもの様子を肯定的に伝えることで，保護者に安心してもらうことが大切である。

　次に，お母さんは，Y美が朝ごはんを食べるように，Y美に働きかけ努力しようとする姿が連絡ノートから読み取れるので，保育士はそのことをしっかり認めて受容し，それから，助言をすることが必要である。保育所も今後も継続的にサポートをしていくという気持ちをしっかり伝えることで，保護者には安心感が生まれる。

　保護者の悩みは，子どもの生活や成長，家庭環境や親子関係など多岐にわたる。保育士は，たとえ家庭での対応に問題があったとしても，専門家として親の負担にならないような助言をする必要がある。共に子育てをしていくという姿勢を忘れず，保護者の子育てをできる限り支援することも保育士として重要な役目である。担任だけで判断をすることが難しいときには，一人で抱え込まず，園長や主任に相談をすることも必要であろう。

　連絡ノートは，保育所と家庭が子どもの成長についてコミュニケーションをとる場の一つである。家庭との信頼関係をつくるためには，日頃からの顔を合わせたときのやり取りとともに，連絡ノートでの誠意のある対応が必要になってくるであろう。

IV　子育て支援の実際と課題

2．園だより

　園だよりは，園から保護者全体に向けて定期的に発行するものである。保育所では，月1回程度の割合で，園だよりを発行し，保護者に情報を発信している。保育所の保育に理解を深めてもらうことが，園だよりの重要な役目である。

（1）園だよりの例

7月　えんだより　　○○保育園

🏠園での様子

　どんよりした梅雨もすっかり明け，暑い日が続くようになりました。子どもたちは園庭に出ると，泥んこ遊びをしたり水遊びをしたり大はしゃぎです。いよいよ今月よりプール遊びも始まります。子どもたちも，とっても楽しみにしています。

＊＊

7月の行事予定
- 1日　プール開き
- 7日　七夕会
- 12日　誕生日会
- 20日　避難訓練

7月生まれのお友だち♪
- 3日　よしひろくん（5歳）
- 9日　ゆうとくん　（4歳）
- 12日　ゆめちゃん　（3歳）
- 20日　こころちゃん（1歳）
- 27日　そうまくん　（4歳）

お誕生日おめでとう！

年長組さんが毎日お水をあげて育てていたトマトやキュウリがたくさん実を付けています。収穫が楽しみです☆

＊＊＊園長先生による　子育てミニ講座＊＊＊

日時：7月7日（七夕会終了後）
内容：「規則正しい生活づくり」

♪保護者の皆様のご参加を
お待ちしております♪

おねがい

1日よりプールあそびが始まります。持ち物には全て名前の記入をお願いします。

連絡ノートでは，個々の子どもの1日の様子を伝えるのに対して，園だよりは，保育所全体の子どもの活動の様子を伝え，保育所の保育方針や保育目標，保育内容について保護者に理解してもらえるようにする。それに加え，保育所の月の行事予定や，保育所からの連絡事項などを伝えることにも活用される。園だよりが保育所からのお知らせやお願いばかりになると，保護者にとって大きな負担となることもあるので，記載する内容には気をつけなければならない。保護者の子育てをより豊かにできるように，園長からの子育てアドバイスやおすすめ絵本などを載せるなど，園だよりに興味をもってもらえるような工夫が必要である。また，全体的な構成として，保護者が読みやすいような配置，わかりやすい文章，そしてあたたかな雰囲気が感じられるような文脈やイラストの活用等の工夫も必要であろう。

なお，近年は，ICTを活用して，SNSやブログで保育所からのお知らせや子どもたちの様子などを発信している園も少なくない。そういった場合は，個人情報の取り扱いには十分気をつけなければならない。

3．クラスだより

クラスだよりは，クラスの担任が保護者に向けて情報を発信するものである。園だよりと同様，定期的に発信する。クラスの保育方針を伝えたり，クラスの今の取り組みやそれに対する子どもの様子を伝えたりする上で，クラスだよりは重要な役割を果たしている。クラスだよりは，保護者が，各年齢の子どもの発達の様子や特性を理解し，毎日の子育てに見通しをもつことができるような配慮のもとに内容を構成する必要がある（柏女，2011）。そのためには，子どもの年齢に合った遊びを紹介したり，子どもたちの普段の活動の様子がより理解できるように写真を使って発信したりするなど，記載する内容に工夫が必要である。最近は，ポートフォーリオやドキュメンテーションを活用するなど，子どもの育ちや学びを保育所と保護者で共有し，幼児理解が深められるような工夫を取り入れ，子育て支援に役立たせている保育所も増加している。

クラスだよりは，先の園だよりと同様，ICTを活用してクラスの情報を発信している保育所もあるので，写真等を扱う際には，取り扱いには十分に注意しなければならない。

Ⅳ 子育て支援の実際と課題

> **演習問題**
>
> 〈事例〉トイレに行くのを嫌がるAちゃん（2歳3か月）
>
> 家庭より……
> 　保育所ではトイレトレーニングを頑張っているようですが，お家で過ごしている時も，トイレトレーニングを始めました。この週末も，おむつを交換するたびにAちゃんをトイレに誘ったのですが，「いや。行かない。」と言ってかたくなに行こうとしません。何度も誘うと，挙句には大泣きをしてしまい，私もトイレに行かせることをあきらめてしまいますAちゃんは，園では嫌がらずにトイレに行っていますか？
>
> 1．連絡ノートを記入するにあたり，どのような表現上の留意点が考えられるだろうか。保護者の立場に立って考えてみよう。
> 2．事例をもとに，あなたが担任として，Aちゃんの連絡ノートを作成してみよう。
> 3．グループワーク：それぞれが作成した連絡ノートを読み合い，保護者の気持ちになって内容や言葉遣いなどについて話し合おう。

引用・参考文献
柏女霊峰・橋本真紀編著（2011）『保育相談支援』ミネルヴァ書房．

（川口めぐみ）

第18章　連絡ノート，園だより，クラスだよりを通した子育て支援

コラム9　デンマークの子育て支援

　デンマーク，スウェーデンをはじめとした北欧諸国は，子育てに関して非常に先進的だといえる。デンマークは国連が発表する"World Happiness Report"において，2016年では世界第1位，2017年では第2位，2018年では第3位と常に上位を占めている。この幸福度に関連する国民の労働の形態が，子育て支援に大きく影響していると考えられる。デンマークは残業がほとんどなく，就業時間が短いことが知られている。また，産前・産後休業や，育児休業に関しても，男女ともに認められ，この制度を使うことが当たり前となっている。あまり知られていないが，子どもが病気や怪我を負った際に，有給休暇とは別に1，2日の休業を両親ともに得られる権利も法制度下で認められている。このような労働に関する手厚い子育て支援が，子どもの幸福度に大きく影響を及ぼしていると考えられる。

　このデンマークを発祥とし，ドイツで広まり，日本にも及んでいる「森のようちえん」という幼児教育・保育の試みがある。日本における森のようちえんでは，子どもだけではなく，養育者や保育者の育ちの場としての理念が大切にされている。この森のようちえんは，デンマークやドイツでは公的な支援を受け，就学前教育の選択肢として広く認知されているのにも関わらず，日本では特殊な位置づけを脱せずにいる。公的な支援に関しても，県単位での認証制度がみられるようになってきたが，一部の県にとどまっているのが現状である。

　先に見たように，親である大人の幸福度や育ちが，子どもに影響を及ぼすという点を鑑みると，大人の育ち，幸福をも視野に入れた森のようちえんのような試みから日本は学ぶことがたくさんあるのではないだろうか。

参考文献

United Nations Sustainable Development Solutions Network, "World Happiness Report 2016", http://worldhappiness.report/ed/2016/

United Nations Sustainable Development Solutions Network, "World Happiness Report 2017", http://worldhappiness.report/ed/2017/

United Nations Sustainable Development Solutions Network, "World Happiness Report 2018", http://worldhappiness.report/ed/2018/

（山本展明）

第19章　園庭開放，体験保育，行事，保育参観などによる子育て支援

インターネットの普及などによって子育てに関する情報が容易に得られるようになってきているが，他方では，子育てに悩んだり，不安を抱いている保護者が増えている。本章では，保育所の特性を生かした子育て支援について，保育士が行動の見本などを示す事例を紹介しながら，その具体的な場面を取り上げる。[1]

[1] 本章で取り上げる事例はすべて，さまざまな実例を組み合わせて筆者が創作したものである。

1．園庭開放による子育て支援

保育所が特に地域の保護者に対して行っている子育て支援として，「園庭開放」が挙げられる。

保護者は，子どもを身近なところで，安全で安心して遊ばせたいと思っている。近くに公園等の施設はあっても，管理が行き届いていないことが多い。そこで保育所では，子どもが育つのにふさわしい環境の中で，健全な育ちが保障され，保護者同士が子育てに関する知識や正しい価値観を共有し合って，親としての育ちにつなげていく場として園庭開放を行っている。子育て中の保護者同士が出会い，新しい関係を作り視野を広げたり，リフレッシュをしたりしながら，子どもの育児相談の場，子どもの発育や発達を見る場，等のねらいをもって支援を行っている。

園庭開放は，保護者の子育ての情報交換の場として，地域のサロン的な要素が必要である。子どもが遊んでいるのを見ながら，気軽に子育ての悩みを相談することができる保育所は，悩んでいる保護者にとって，子育ての初期相談の場として最適の環境である。軽度の悩みであれば，保育士のアドバイスで解消し，重度の悩みであれば，保育士から専門機関へと紹介され，問題の早期発見，早期治療・療育につながっていく。また，保護者同士の情報交換が正しく行えるように，場合によっては，保育士には，保護者の話の中に入ったり出たりしながら，子育てに役立つ情報提供ができるように専門的な知識や技術を活かしていくことが求められる。そして，親子で保育所に遊びに行ってみたいと思えるような環境を整えておくことが重要である。

〈事例1〉園庭開放

N保育園の園庭開放にやってきたUちゃん（2歳半）と母親の事例である。Uちゃんは，一人で砂場で遊び始めた。他の子ども（10名程度）は，サーキットごっこを楽しんだり，ボール遊びをしているが，Uちゃんは砂場でプリンを

作ったり，ケーキを作ったりして楽しんでいる。母親はUちゃんもみんなといっしょに活動的に遊んでほしいと思い，しきりにUちゃんを呼び寄せている。

何度声を掛けてもUちゃんが砂場から離れないので，母親の声が徐々に大きくなってきた。その様子に気づいた保育士は，Uちゃんのそばに行き，「Uちゃん，おいしそうなプリンね。これは，イチゴケーキかな？」と話しかける。「そうだよ。先生プリン食べる？」とUちゃん。保育士も「はい，プリンをください。ねえねえ，そのイチゴケーキはどうするの？」と尋ねると，「これはね，ママにあげるの」と嬉しそうに教えてくれた。

保育士は，「Uちゃん，このイチゴケーキママに作ったんだって」とイラだっている母親に伝え，「Uちゃんはママが大好きなんですね？ ママの喜ぶ顔が見たいんだね？」と話すと，「そうなんです。私がイチゴケーキが好きなのを知っているんです」と母親から笑顔が見られた。

母親は，Uちゃんがサーキット遊びより，大好きなママに，ママのためにイチゴケーキを砂場で作りたかったことが理解できて，「ありがとう」といってUちゃんを抱きしめた。しばらく砂場で遊んでいた親子は，サーキット遊びへ移動していった。

母親は，わが子がみんなと同じことをしてほしい。砂遊びはいつでもできるので，今日は園庭に設定されている遊具で遊んでほしいという思いが強く，他の子どもと違う遊びをするUちゃんにイライラしてしまっていたようである。しかし，Uちゃんの思いが理解できた母親は心満たされ嬉しい気持ちになった。

保育士はUちゃんの思いに気づき，母親に伝える。Uちゃんが満足するだけ遊ぶと，Uちゃんも心が満たされ次の遊びへと興味を広げる。子どもの思いに寄り添い，受け止めていく。これが，保育士のさりげない保育技術を用いた支援である。

2．体験保育による子育て支援

「園庭開放」と並んで保育所が特に地域の保護者に行っている子育て支援に，「体験保育」がある。これは，親子で保育所の生活や遊びを体験することを目的としている。

保育所では，一年間を通して，子どもと保護者がいっしょに成長していけるような保育内容を考え，体験保育を実施している。親子で同じ年齢のクラスに入って，保育カリキュラムに基づいた保育を体験する。子どもの精神的，肉体的な疲労度を考えて，午前中の2時間程度（午前10時～正午頃）がよいと考えられている。また，2歳児位では，室内で過ごすより戸外（園庭）で遊びたいという思いが強いので，子どもと保育士が十分に触れ合って遊べる"空間・時間・玩具・自然"等の環境を整備していくこと

が大切となってくる。

　室内遊びでは，保育士や親子でスキンシップ等が図れるような，わらべうた遊びや好きな遊びが，自由に楽しめるコーナー遊び等が，準備されたりする。特にわらべうた遊びは，手遊びや顔遊び，2人組でする遊びという面があり，そこにはたくさんのスキンシップが含まれている。近年，親子の生活スタイルも大きく変わり，電子機器（DVD，スマホ，インターネット等）を長時間扱い，人とのかかわりがなく過ごすようになってきていることを考えれば，わらべうた遊びの意義は重要である。

　わらべうたは，ひざに抱く，ひざにのせる，両腕に抱く，足にのせる，向かい合って手をとる，肩にのせる，お腹や腰をもつ，顔，頭，手，首にふれる，脇の下をくすぐる，足指，足の裏，背すじやお尻にふれる等，多様である。わらべうたは，大人から一方的に与えるものではなく子どもの反応を見ながら行い，時には大人から子どもに要求してみるのもよい。いずれにせよ，普段家庭ではあまり体験できないわらべうた遊びを通して，そこに愛着関係が育まれるのである。そうして，このような体験保育の子育て支援が，子どもの成長に資することになるのである。

3．行事・保育参観による子育て支援

（1）行事による子育て支援

　保育所を利用している保護者に対する子育て支援としては，運動会や音楽会，生活発表会等，さまざまな行事が，そのいい機会になる。行事は子どもの成長を保護者と共有することを本来目的とするものである。そのためには，発表のできばえや評価を優先し，「保護者に見せるための行事」にならないように，「子どもの主体性や保育の連続性，子どもの生活の連続性を大切にした行事」として，全保育士が共通認識しておく必要がある。評価を気にするばかりに，日常の子どもの生活や遊びが満足に保障されない等，あってはならない。

　保育士は，行事の意図やとり組みの過程を保護者に写真で掲示したり，お便り等で知らせたりしながら説明することになる。保育内容を保護者に伝える良い機会となり，保護者との信頼関係も生まれるのである。

　ここで，こうした行事の一例として防災訓練を紹介する。命の尊さと向き合い，幼児期から「自分の命は自分で守る」が意識づくように，「防災ごっこ」が，保育の中で楽しみながら行われている。保護者や地域の人々が参加する運動会では，防災訓練を親子競技に取り入れる等，防災意識が身につくように取り組まれたりしている。

一人一人の子どもの命,人権が守られ保育所生活が充実していれば,保育所と保護者や地域の人々との信頼関係がより深まるのである。子どもの成長を保護者とともに喜び合える行事は,そうした関係強化の絶好の機会でもある。

(2) 保育参観による子育て支援

保育所は,保護者が保育に参加できるようにさまざまな工夫を凝らしている。しかし,保育所を利用している保護者は忙しく,なかなか参加できないことが多いので,一年間の行事を年度当初に保護者に伝えている。最近では,"オープンスクール"と名づけ,1学期もしくは2学期頃に,週のうち3日間程度保育を公開している保育所がある(オープンスクール中,何度参観してもよい)。

保育参観は保護者にとって我が子の保育所生活の様子を知る良い機会となる。その機会が有意義なものになるよう,保育内容や活動,実施方法等を工夫することが求められる。保育の意図や日常の子どもの様子を伝えたり,保護者からの意見や相談,悩み等を丁寧に聞いたりすることが,相互の子ども理解や連携しながらの子育てにつながっていく。

近年,外国籍をもつ親の子ども等を受け入れることがある。それに際しては,保育所としては,異文化の人たちを疎外することなく,互いに尊重し合いながら文化を共有できるように配慮する必要がある。丁寧に文化や習慣,食等について説明したり,周囲の保護者にも折をみて伝達したりすることが大切である。とりわけ保育参観を通して,忙しい親同士の出会いの場となって,家族間での交流へと広がることが期待される。

〈事例2〉 給食の支援

A君(1歳半)の母親は日ごろから,A君が食が細いうえに偏食,椅子に座って食べられず,一口食べては部屋の中を走り回っている,と連絡帳を通じて悩みを訴えていた。家庭ではふりかけご飯,麺類以外食べないという。

さて,給食の時間になった。母親はA君が椅子に座って食べられるのかが気になって仕方がない。排泄,手洗いを済ませたA君は,担当保育士の前に座り,エプロンを付けて配膳を待っている。「A君,手を合わせて,おあがりなさい」と保育士から促されると,「いただきます」とスプーンをもって筑前煮を一口食べた。保育士が「美味しい? カミカミしてね?」と声をかけると,「うん,おいしいよ」と答えた。A君はスプーンでうまく野菜が食べられず,手で摑んで食べ始めた。その光景をみた母親は,「ダメ!手で食べちゃ!」,とA君に注意をした。保育士は「お母さん,いいんですよ。A君,ゴボウさん,奥歯でカ

Ⅳ　子育て支援の実際と課題

> ミカミね?」と笑顔で話しかけた。A君は、そのあともご飯、おかずと次々に食べていった。
>
> 　保育士は母親に、A君がみんなと食べようとしている姿を見て、手摑みであっても自分で食べようとする意欲を大切にしていることを伝えた。母親は「私はスプーンを使って食べてほしい。いっぱい食べてほしいと思いAに話しかけずに次々と口に入れていました」と話してきた。保育士は母親のその思いを受け止め、「お母さんも頑張っているんですね。もっと肩の力を抜いてA君と食事を楽しんでくださいね」と伝えた。そして、「お母さん、A君に食べさせてあげてくださいね」と役割を交替した。
>
> 　母親は他の子どもも時々手で摑んで食べている様子を見て表情も柔らかくなり、A君の口に食事を運んでいた。保育士は「お母さん、A君、ニンジンもゴボウもれんこんも食べますよ。お母さんも少し給食を食べてみてください。調理師さんがニンジンをハートや星形に型抜きしてくれているんですよ。給食の量も参考にしてくださいね」と伝えた。

　給食参観では、調理師が各保育室を巡回して、子どもたちの喫食状況を確認し、保護者に食材や調理法について話す等、食育についての支援を行っている。子どもの食事のことで悩んでいる保護者は多い。そこで、実際の食事の様子や食事の量、喫食状況、毎日の給食を展示して降園時に見ていただく等、保護者が食に関心がもてるようにするのも、子育て支援の一助なのである。

演習問題

1. 保育所で行われている子育て支援について、ポイントを挙げながらまとめてみよう。
2. 「保護者の養育力」を支援するとき、保育者として気をつけなければならないことはどのようなことか?
3. 保育所以外の他の機関が実施している子育て支援事業などについてもまとめてみよう。

引用・参考文献

公益社団法人幼少年教育研究所(2016)『子どものこころがみえてくる　保育実践辞典』すずき出版.

コダーイ芸術研究所編(2014)『いっしょにあそぼう　わらべうた』,明治図書.

西村重稀・青井夕貴編(2015)『基本保育シリーズ保育相談支援19』中央法規.

(久保木亮子)

コラム10　オーストラリアの子育て支援——NSW州での子育てと保育を中心に

　オーストラリア政府統計局発表によると，2018年度のニューサウスウェールズ州（以下，NSW）の人口増加率はめざましく，州・準州の中で最高の約790万人である（ABS, 2017）。しかし，同州の合計特殊出生率は1.645％と州・準州のなかで最も低い。この背景には近年のNSW州の物価の高騰が考えられる。たとえば自動販売機のコーラ缶は4ドルで，水は4.5ドルで売られていた。また，大都市シドニーであっても日本のように駅を降りたらタクシー乗り場がある駅は少ない。ベビーカーに至っては車椅子扱いであるため，バスに乗せるにも車椅子スペースのある車両しか乗れず，しかも1台のバスにつき2台までと制限されている。このため，積み残されることになり，子どもとベビーカーと大荷物を抱えて1時間近く次のバスを待つことも珍しくない。

　オーストラリアの保育所にあたるロングデイケアは，NSW州では2600箇所ある。働く親の子どもを預かるため，多くは，開所時間が7:00–20:00となっている。給食サービスがあるので，弁当を持参する必要はない。ロングデイケアの室内面積の基準は3.25㎡と日本の1.98㎡に比べ，かなり広い。屋外面積についても7㎡と日本の3.3㎡と比べると倍の基準になっている。園児の定員はひとつの園につき90名までである。

　保育料は高額であり，筆者が訪問した保育所では1日預けると100–150ドルと，日本の一般的なサラリーマン世帯の給与では日常的に利用することは難しいほどである。永住権を持っている場合は保育料の半額がローカルガバメントから還付されるが，ビザ滞在の場合はこの限りではない。保育料が高額な理由には，ニューサウスウェールズ州では自由党・国民党連立政権下でロングデイケアの民営化が進んできたため，多くは補助金は支給されていないことがある。しかし，こうした難点を払拭する長所として，第三者評価は徹底されており，州によって各園の管理と規制は厳しく行われている。第三者評価は抜き打ちで2日間行われ，その結果は数値化されグラフで示され，5段階評価となって園の玄関に張り出すよう義務づけられている。近年では，ロングデイケアに「持続可能な社会への適応」（Sustainability）が求められている。具体的には，保育の中でどのように自然と接しているか，子どもの健康と毒性について考慮しているか，エネルギー問題，水問題，リサイクル問題，交通の安全対策，コミュニティとのかかわりを大切にしているか，などの6項目にわたって一定の基準が定められている。

参考文献
ABS (2017) Australian SocialTrends, 2017, Nov, ABS, Cambela.
NSW Office of Local Government Website.
栗山直子 (2013)『ニューサウスウェールズ州の保育』「オーストラリア研究」39：43–53.

（栗山直子）

第20章　児童福祉施設における子育て支援

　保育所以外の児童福祉施設を利用する多くの親は、さまざまな生活課題を抱えながら生活してきたし、現在もそうである。親の養育力の低下、夫婦の不和、貧困や就労をめぐる問題、身体的・精神的疾患、社会的孤立など多くの要素が複雑に絡み合っている。そのような状態が、親の子ども時代から続いていることも少なくない。本章では、母子生活支援施設、乳児院、児童養護施設の事例をあげ、これらの施設における子育て支援について考える[1]。

[1] 本章で取り上げる事例はすべて、さまざまな実例を組み合わせて筆者が創作したものである。

1. 母子生活支援施設における子育て支援

（1）母子のプライバシーを守りながらタイミングよく介入する

> 〈事例1〉
> 　アヤさん（30歳）が、仕事から施設に帰ってきた。何かあったのか、非常に疲れた様子をしており、どこか不機嫌である。玄関先まで来た時、娘のレイカちゃん（5歳）が走ってきて、「お母さん、見て！　ねえ、お母さん！　ねえ！」とアヤさんにまとわりつく。レイカちゃんは、今日保育園で、描いた絵を先生から褒めてもらい、その絵をお母さんにも見せたくて、ずっと帰りを待っていたのである。しかし、アヤさんは無言でうるさそうな表情を見せただけだった。レイカちゃんはそんなことにはお構いなしに、「あのね、お母さん、レイカね、…」と話を続けようとする。その様子を見ていた職員は、二人に近づき、穏やかに声をかけた。

　子どもと母親がいっしょに入所する母子生活支援施設では、日常生活のあらゆる場面を活用して支援を行うことができる。しかし、母子は一世帯ごとに一つの居室で暮らしており、居室は母子のプライベートな空間である。したがって、職員が無断で入室することは基本的にせず、玄関先や事務所（の窓口）、保育室といった公共のスペースで支援を行う。
　この事例は母子が居室に帰る前の玄関先での一コマである。疲れて不機嫌な母親には娘を受けとめる余裕がない。しかも、居室に入ると、休む間も無く夕飯の支度が待っているかもしれない。このままの調子で娘が母親に話し続けると、どのようなことが起こるだろうか。職員はそう考えて、母子が居室に入る前に介入した。
　まず職員は、ずっと母親のアヤさんを待っていたレイカちゃんの気持ち

を言語化して受けとめた①。同時にその気持ちは，レイカちゃんがアヤさんにわかってもらいたいことでもある。言語化することは，アヤさんに対するレイカちゃんの気持ちの代弁でもある。一方で，アヤさんの気持ちも受けとめる必要がある。同じ働く者としての共感といたわりの気持ちを込めて，ねぎらいの言葉を伝える。顔色など母親の様子を素早く観察し，必要ならばさりげなく気遣いの言葉を添える②。今，レイカちゃんに気持ちを向けられないようなら，一息着いてから絵を見るよう，二人に提案しても良い。時間に余裕があるならお茶を勧めても良い。一杯のお茶で気持ちがほぐれることもある。母子のやりとりにワンクッション置くことで，その後の母子のかかわりが穏やかなものになる。

（2）母親の状態に配慮しながら生活基盤を築く

〈事例2〉

リカさん（39歳）は，家事や育児，金銭管理が苦手で，朝も起きられない。施設入所前は，深夜までの仕事をしていたため昼夜逆転の生活であった。現在は昼からのパートに行っているが，そのわずかなお金を無駄遣いしてしまうので，ほとんど貯金が無い。軽度の知的障がいの疑いがあるが，診断は受けていない。

入所当初はきれいだった居室も，今では埃だらけゴミだらけで臭いが充満し，職員が定期的にゴキブリやハエの駆除をしなければならない。娘のモエちゃん（小5）とミユちゃん（小3）は学校に遅刻することが多く，忘れ物も多い。汚れてボタンの取れた服をそのまま着ていくこともある。リカさんは，子どもたちの登校後，だいぶん経ってから起きてくる。

母子生活支援施設の役割は，母子が退所後，自立生活を送るための生活基盤を築くことである。母親の多くは働いているが非正規が多く，各種手当や生活保護を受けている世帯も少なくない。心身の疾病や障がいを抱えていたり，海外からの移住者で日本語や日本の生活習慣に不慣れな母親もいる。離婚やDV被害を経験してきた母親も多く，心身共に消耗しており，施設入所後，すぐには家事や育児，仕事等に動き出せないこともある。特に長く専業主婦生活を続けていた人は，新しい生活を始めるに当たって，自信がない，不安が大きい，生活リズムの変化に慣れないといったことからも心身の調子を崩すことがある。

事例の場合，自立に向けた課題は，金銭管理，衛生管理，生活リズムの見直しである。必要に応じて，母親の許可を得た上で，居室内に入っての支援も行う。ただし，母親を一人の大人として尊重し，管理・指導になら

2　入所者が母子世帯になった理由の6割弱は「離婚」である。入所理由は「配偶者からの暴力」が5割でもっとも多い。（厚生労働省「児童養護施設入所児童等調査結果（平成30年2月1日現在）」）

3　須藤八千代（2007）は，ある母子生活支援施設の職員へのインタビューを通して，"眠りに入る母親たち"について述べている。"眠りに入る母親たち"とは，施設が安心できる場所だと感じられると，夕方近くまで寝ているといった日常を続ける母親たちのことである。子どもの登園・登校の準備，朝食の支度など，職員任せになる。そのような状態が長い時には1～2年続くが，ある時自然に，自分から保育園のお迎えだけは行くとか，送りにも行ってみよう，といった言動が出てくる。"眠りに入る"期間は，母親の回復のために必要不可欠な期間であるといえよう。

ないようにしなければならない。また、すぐには動けない母親もいることを理解した上で最初からすべてを求めず、一緒に掃除などをし、できていること・努力していることを承認しながら自ら動き出すことを待つのも大事である。

一方、子どもに働きかけることで間接的に母親を支援する方法もある。事例の子どもたちは小学校5年生と3年生である。起床や学校の準備、身だしなみ、ちょっとした家事もできるかもしれない。母親が朝起きられないため、最初は職員が起こしに行ったり、学校の準備を手伝ったりしなければならないが、子どもたちだけでできるようになれば、子どもたちの自立にもつながる上、母親の負担は軽減される。また、子ども時代に親に世話をしてもらった経験が無い母親もいる。子どもたちに対する職員の働きかけは、そのような母親にとって親としての行動見本となる。

2．乳児院における子育て支援——親子と共に過ごす場面を活かす

フウカちゃんは生後7か月で乳児院に来た。母親のマナミさん（20歳）は、初めての子育てが上手くいかず、イライラしてフウカちゃんに暴力を振いそうになる、と児童相談所に自ら電話した。父親のダイチさん（25歳）は長距離トラックの運転手で留守がちである。父母ともに、親からの虐待を経験しており、現在それぞれ実家とは連絡を取っていない。

マナミさんは、フウカちゃんと離れてみると、愛おしいと思う気持ちが強くなり、毎日のように乳児院に面会に来た。以下はその時の様子である。

〈事例3〉

離乳食を食べさせる時、マナミさんは、声かけはよくしているが、フウカちゃんの口にまだ食べ物が残っている状態で次の食べ物を口に入れようとすることがある。フウカちゃんが横を向くと、「どうして食べんの？」「ママが嫌いなん？」と苛立ってくる様子が見られた。部屋で遊んでいる時、マナミさんはいきなりフウカちゃんを横抱きにしてゆらゆら揺らし始めた。フウカちゃんは身体をのけぞらせ、マナミさんの腕から逃れようとする。「あれ？　寝えへんの？　そろそろお昼寝ちゃうの？」と、今度はフウカちゃんの背中をトントンし始めた。フウカちゃんは泣き出しマナミさんはため息をついた。マナミさんは、フウカちゃんがまだ遊びたい様子をしていることに気づいていないようだった。

「何をやっても上手くいきませんね。私、母親失格や。やっぱり、親にちゃんと育てられてへんから、ちゃんとした親になられへんのかな…。」と、マナミさんは職員に向かってつぶやいた。

乳児院で暮らす子どもたちの多くには親が存在し，状況によって親の面会や通信を制限しなければならない場合もあるが，何らかの形で家族と交流をしている子どもも少なくない[4]。交流方法としては，電話や手紙，施設での面会，施設行事への参加，親子での外出，帰省などがある。親子で宿泊できる専用の部屋を設けている施設もある。乳児院では，交流の方法として面会の割合が高く，面会の頻度も月一回以上が多い。親子で過ごす時間も大事だが，事例のように親・子ども・職員が生活場面をともに過ごすことによって，さまざまな支援が可能となる。

　マナミさんの課題は，フウカちゃんの様子を観てペースを合わせたりフウカちゃんの気持ちを察して応答することである。食事や遊び／昼寝，それぞれの場面で，職員がマナミさんといっしょにフウカちゃんの様子を観察し，その場でフウカちゃんの行動の意味や発達状況について解説したり，フウカちゃんの気持ちや欲求を代弁する[③]ことで，マナミさんは決してフウカちゃんが自分を嫌っている訳ではないことが分かるし，フウカちゃんの行動の意味に応じて働きかけができる。職員が行動見本を見せ[④]，それを手本にフウカちゃんとかかわることで成功体験を重ねていけば（体験の提供），過去に関係無く「ちゃんとした親になれる」という自信が得られる。またマナミさんは，職員に対して「何をやっても上手くいかない」「母親失格」とつぶやいているが，本当にそうだろうか。職員が，マナミさんの無意識の行為の中に，大切な意味を見出し，承認・支持する[⑤]ことで，マナミさんの自己評価も変わるかもしれない。

　マナミさんのように毎日面会に来ることができない親もいる。日々の生活に追われる中で子どものいない生活に慣れてしまい，子どもに気持ちが向かなくなってしまうこともある。また，生まれてすぐ乳児院に入所した場合や親から虐待を受けていた場合，子どもにとって親は安心できる存在ではない。一方，乳児院は特定の職員と子どもとの関係を大切にする個別担当制であることが多く，子どもが親よりも特定の職員に愛着を感じることもある。したがって，面会場面で，親のプライドが傷ついたり，親子ともに，緊張や負担，居心地の悪さを感じることもある。

　職員はこのような事態をできるだけ緩和するよう，面会場面以外の日々の生活の中でも，親子のつながりを意識したかかわりをしなければならない。例えば，日々のかかわりの中で無表情だった子どもに笑顔が増える，「ママ」「抱っこ」といった言葉が出てくるなど，親がかわいらしさを実感できる子どもの姿を写真や電話・ビデオレターなどを使って親に伝える。子どもに対しても，機会があるごとに「ママは，○○ちゃんのこと大好き！ってぬいぐるみ持って来てくれたんだね」など，親の言動に愛情の意

[4] 乳児院において，入所時点で両親または父母のどちらかがいる子どもの割合は，9割以上である。また施設入所中，8割弱の子どもたちが家族との何らかの交流がある。（厚生労働省「児童養護施設入所児童等調査結果（平成30年2月1日現在）」）

IV 子育て支援の実際と課題

味づけをして子どもに伝えるなどである。

3．児童養護施設における子育て支援
―― 親の複雑な感情と子どものケア

〈事例4〉

　リュウト君（4歳）の父親イサムさん（33歳）は，アルコール依存症で，無職。生活保護を受けている。普段は無口で優しい父親だが，飲酒時は人が変わったように，リュウト君の母親に暴力を振るった。母親はリュウト君が寝ている間に逃げるように家出し音信不通である。母親が居なくなったことに気づいたリュウト君は泣き叫んだが，イサムさんはその時も泥酔状態で，泣き止まぬリュウト君を殴ったり蹴ったりした。近所の人が通報し，リュウト君は保護され，現在児童養護施設で生活している。

　リュウト君は，施設生活にも慣れ友達もできた。ただ父親を恋しがり，面会の日を楽しみにしていた。しかし，イサムさんは面会時間の直前になるといつも，体調が悪いなど理由をつけてキャンセルしてきた。せめてリュウト君に声だけでも聞かせて欲しいと職員が頼むと，一方的に電話を切ってしまい，その後しばらく連絡が取れなくなってしまう。その度にリュウト君は職員も手を焼くほどぐずった。

　そんなある夜，酔っぱらったイサムさんから電話があった。対応した施設長に向かって，「お前らがリュウトを取った！　リュウトを返せ！　訴えるぞ！」と怒鳴ったかと思うと，「俺は最低な父親だ！　もう死んでしまいたい！」と泣き出した。施設長が，受容・共感の姿勢で話を聴き続けることで，イサムさんはようやく高ぶった気持ちを落ち着かせて電話を切った。

　児童養護施設で暮らす子どもたちにも親が存在し，家族との交流もある。[5]一方，児童虐待を主な入所理由とする子どもは少なくなく，また入所してから虐待を受けていたことがわかるケースもある。[6]入所児童のほぼ全員が何らかの虐待を経験していると見ている施設もある。

　虐待行為により子どもが施設入所となった親は，子どもを奪われ自分自身を全否定されたといった被害者意識，周囲に対する強い不信感，親として評価されるという緊張感，子どもを傷つけたことへの罪障感，親としての自信喪失といったさまざまな感情をもっている。そして本当は不安で助けが欲しいのに，それを上手く表現することができず，代わりに敵意や怒りを周囲にぶつける。事例の父親のように，面会や外出の約束をしながら直前に何かと理由をつけて（あるいは無断で）キャンセルしたり，アルコールの力を借りなければ職員や子どもと会ったり話ができない人もいる。

[5] 児童養護施設において，入所時点で両親または父母のどちらかがいる子どもの割合は8割以上。施設入所中，8割以上の子どもたちが家族との何らかの交流がある。（厚生労働省「児童養護施設入所児童等調査結果（平成30年2月1日現在）」）

[6] 児童養護施設の入所理由の内，一般的に「虐待」とされるもの（「放任・怠だ」「虐待・酷使」「棄児」「養育拒否」）を合計すると全体の5割弱となる。被虐待の経験が有る子どもの割合は7割弱である。（厚生労働省「児童養護施設入所児童等調査結果（平成30年2月1日現在）」）

相手を責めたり，自分を責めたり，本人自身にもどうにもできない複雑な感情に振り回されているのかもしれない。

そういった親のニーズは，「まず理解してほしい」ということである。しかし，これまで他者から受け容れられた経験がないと，受容・共感されることで戸惑い，素直に受けとめられないこともある。時間がかかるかもしれないが，親は，まず職員や施設に対して，見守られている，支えられている，という安心を実感できなければ，子どもに向き合っていく勇気を得られない。

一方，親の言動に振り回される子どものケアも忘れてはならない。事例の父親のように子どもに対する肯定的な感情が感じられる場合，上手く伝えられない親に代わってその思いを子どもに伝えていくこと⑥，そして，親の置かれている状況（病気のことなど）を子どもに分かるような言葉で説明することも必要である。しかし，それでも子どもからすれば納得できないこともあるし，厳しすぎる現実を突きつけられることもある。子どもの親に対する感情もまた複雑であり，簡単に「親は親，自分は自分」と分けて考えることはむずかしいと思われるが，子どもが少しでも前向きに歩き出せるように，そのプロセスに寄り添い続けなければならない。

演習問題

1. 〈事例1〉の下線①・②について，具体的な言葉を考えてみよう。
2. 〈事例3〉の下線③・④について，フウカちゃんの行動の解説，気持ちの代弁，行動見本の提示はどのようなものになるだろうか。食事，遊び／昼寝の各場面で具体的に考えてみよう。下線⑤について，マナミさんのどのような行為を承認・支持することができるか，考えてみよう。
3. 〈事例4〉の下線⑥について，イサムさんのリュウト君に対する肯定的な感情をあげてみよう。それをリュウト君に伝える言葉も考えよう。

引用・参考文献

須藤八千代（2007）『母子寮と母子生活支援施設のあいだ――女性と子どもを支援するソーシャルワーク実践』明石書店.

宮口智恵・河合克子（2015）『虐待する親への支援と家族の再統合――親と子の成長発達を促す「CRC親子プログラム　ふぁり」の実践』明石書店.

（西井典子）

〈演習問題を考えるヒント〉

下線①　レイカちゃんは何を，何故アヤさんに見せたいのだろう？　どんな気持ちで待っていたのだろう？

下線②　非常に疲れている時，どういった言葉や態度が嬉しいのだろう？

下線③④　フウカちゃんが横を向いたり，体をのけぞらせるのは何故？　7か月頃の離乳食の課題は？　入眠するために必要なこととは？　これらを解説しながら，各場面での適切な行動を考えよう。

下線⑤　マナミさんの長所とは？

下線⑥　イサムさんの行動の背後に隠れている気持ちとは？

第21章　子育て支援の課題と展望

　　日本では世界でも希な少子高齢化が進みつつあり，政治経済的環境も不安定で先が読めない状況が続いている。そうした状況での子育ては一層厳しさを増している。この10年あまり，このような状況に対応すべく新たな制度が生み出され，児童福祉法をはじめとする子ども家庭福祉に関わる法律の改正が矢継ぎ早に行われ，子育てを社会全体で支える制度的な仕組みが整いつつある。そうした新制度の代表として，「子ども・子育て支援新制度」がスタートし，市区町村ではその推進計画が立案，実行されている。本章では，この新制度を踏まえつつ，すでに進みつつある制度改正を踏まえて，子育て支援の課題と展望について考える。

1．子育て支援の課題——利用者支援の意義と課題

　　鳴り物入りでスタートした子ども・子育ての新制度ではあるが，その推進においてさまざまな課題が明らかとなり，十分に解決されないまま存在する。そうした課題の一つとして取り上げたいのは，子ども・子育て支援実施計画の策定・実施の主体である基礎自治体（市町村）における「子ども・子育て支援給付」の一つの柱である「教育・保育給付」に関して待機児童の問題がある。

　　保育施設と保育士の確保が待機児に直接かかわる問題として，大きく取り上げられるが，ここで取り上げる課題は，子どもが生まれ仕事との両立に直面する親が，教育・保育給付によって提供される施設型給付（幼稚園，認定こども園，保育所）や地域型給付（小規模保育，家庭的保育，居宅訪問方保育，事業所内保育）の利用に際しての複雑な仕組みを理解し，子どもにとっても，また親にとっても，自己実現するうえでもっとも相応しい資源（教育・保育サービス）を見出し，選択し，活用することの難しさである。保育所，幼稚園，認定こども園なのか，それらが待機になった場合に地域型給付のどれを選択するのかといった問題である。こうした状況で適切な選択を行うことは，容易に個人のマネジメント能力を超える。例えば，利用を認められた保育所が，自宅からの距離や通勤との関係で地理的に好ましくないなどの理由で待機せざるを得ない状態になっているケースは多いが，待機の間，他のどのような保育資源を選択し，活用すればよいのかなど，親が個人で解決できる問題を超える場合がある。

　　こうした状況に対応するため，自治体では後に述べる「利用者支援事

業」の一環として特定型と呼ばれるサービスを提供している。ホテルやデパートなどで利用者のニーズを的確に把握し，そのニーズを充たすのにもっとも相応しいサービス（商品）を紹介，提供する「コンシェルジュ」は，かつては聞き慣れないことばであったが，今はどのホテルやデパートにも存在する不可欠なサービスとなっている。教育・保育給付で幼稚園，保育所，認定こども園といった施設型資源のみならず，小規模保育，家庭的保育などの地域型資源を，利用者のニーズに合わせて紹介し，確実に利用できるように繋ぐ，特定型利用者支援事業において活躍する専門職も，「保育コンシェルジュ」と呼ばれることがある。保育コンシェルジュは，利用者の教育・保育給付に対するニーズと認定こども園，幼稚園，保育所といった資源とを適確に結びつけるという専門的援助を行う専門職であると考えられるが，すべての自治体が，その重要性を理解して適切な専門的人材を配置し，利用者支援を行っているかというとそうとはいえず，改善すべき課題があるといえる。

　今一つの課題は，子ども・子育て支援事業計画に基づいて提供される事業のもう一つの柱である「地域子ども・子育て支援事業」に関するものである。この事業を通して自治体は，夫婦共働きで子そだてをする家庭のみならず，在宅で子育てをする家庭を含むすべての子育て家庭に対して子育て支援を提供することになる。自治体が提供するサービスのメニューは，自治体によってやや異なるが，地域子育て支援拠点事業をはじめ，利用者支援事業，一時預かり事業，ファミリーサポートセンター事業，子育て短期支援ショートスティ，延長保育事業，病（後）児保育事業など10事業を超える。自治体の子ども・子育て支援にかかわる事務事業としては，自治体によって異なるが，200近い事業が提供されているところもある。こうした事業の提供は，自治体によるニーズ把握調査に基づき供給量が調整され，量，質ともに充実してきている。しかし，利用者がこれらのサービスを十分に活用できているかといえば，そうとはいえないのが現状である。自治体が毎年実施する評価調査結果を見る限り，こうしたサービスの認知度や利用頻度は決して高くはない自治体が多い。それに対して，サービスを知り利用したことのある人のサービスに対する満足度は比較的高い。すなわち，利用した場合に満足度は高いものの，利用者にニーズはあっても，十分にサービスについての情報を得ておらず，利用できていない状況があると考えられる。ニーズとサービスが十分に繋がっていないのである。

　地域子ども・子育て支援事業の一つである「利用者支援事業」は，利用者が提供されるさまざまなサービスをよく理解し，ニーズに合わせて選択し，選択したサービスを十分に活用できるよう援助するサービスである。

その歴史は古く，少子化対策として注目された次世代育成支援行動計画（2004年）にまで遡る。当時さまざまな形で自治体が提供し始めた子育て支援サービスを利用者が活用できるように援助する「子育て支援総合コーディネート事業」がその始まりであると考えられる。利用者支援事業は，教育・保育給付に加え，地域子ども・子育て支援事業で提供されるさまざまなサービスを，子育てをするすべての家庭の個別の利用者がそのニーズに合わせて十分に活用できるように援助する事業であり，子ども・子育て支援の要であるといっても過言ではない。にもかかわらず，新制度の実施当初はこの事業を重視する自治体はあまり多くなかった。

先に触れたように，利用者が複雑な教育・保育給付を理解し，待機というハードルを越え，ニーズに合った教育・保育サービスを選択し，利用できるように援助する特定型の利用者支援事業を実施している自治体は当初から比較的多くみられた。すなわち「保育コンシェルジュ」と呼ばれることもある特定型利用者支援事業のみを実施する自治体が多かったのである。しかし，教育・保育給付のみならず，地域子ども・子育て支援事業で提供されるさまざまなサービスの利用を全般的に援助する基本型の利用者支援事業を実施している自治体は少なく，その重要性が過小評価されていたと思われる。今日でもなお基本型利用者支援が子ども・子育て支援において要となる事業であるとは考えていない自治体があることは，解決すべき課題として残る。

今では，児童虐待の予防として，母子保健との連携において母子保健型の利用者支援事業が母子健康包括支援センター（子ども・子育て支援における子育て世代包括支援センター）においても提供されるようになっている。しかし，在宅で子育てをする家庭や虐待のおそれのある家庭を含むすべての子育て家庭のニーズを的確に把握し，地域で提供されるすべてのサービスのなかから適切なサービスを選択しリンクする質の高い基本型利用者支援事業（「子育てコンシェルジュ」と呼ばれることもある）がすべての自治体において提供される必要があろう。

2．利用者支援事業の基本としてのケースマネジメント

子育て支援の課題として，自治体が実施する子ども・子育て支援での教育・保育給付に関する利用者支援として，いわゆる保育コンシェルジュの充実，そして地域子ども・子育て支援事業の要として提供される利用者支援事業のなかでも基本型の子育てコンシェルジュの充実の必要性を取り上げた。

本節では，古くは次世代育成支援行動計画における子育て支援総合コーディネート事業にまで遡ることのできる利用者支援事業の基本型，いわゆる子育てコンシェルジュが，ソーシャルワークの本質ともいえる「ケースマネジメント」であること，そして子育て支援における課題としての子育てコンシェルジュがすべての自治体においてきわめて重要であることを再検討したい。

 ソーシャルワークはその特徴として，人と環境を一体としてとらえ，両者の交互作用において生じるさまざまな問題の解決を援助するところが重要であると考えられてきた。この特徴は，たとえばホリス（Hollis, F. 1972）のいう「環境（状況）の中の人（"the person -in-his-situation"）」や「人と環境のゲシュタルト（まとまった意味と構造を持つ形態）」という考え方に集約される。ホリスは，人と環境とその間のやりとり（相互作用）を一体ととしてとらえてきたソーシャルワークの伝統的な視点の重要性を再認識させたといえる。日本では，社会福祉実践理論の代表的研究者である岡村重夫（1983）が，人が生きること（社会生活）は人と制度（環境）との交渉関連をもって始まるとした。そして，人と制度（環境）の間の交渉関連としての社会関係において生じる問題（社会関係の不調和，社会関係の欠損，社会制度の欠陥）が社会福祉固有の問題であり，その問題を解決する方法が社会福祉固有の機能であるとした。これはまさに，人と環境，そしてその間の交互作用（交渉関連）を一体としてとらえるソーシャルワークの特徴であると考えることができる。こうしたソーシャルワークの特徴は，国際ソーシャルワーカー連盟（IFSW）の旧定義にソーシャルワークは「……人と環境が相互に作用し合うところで援助する」と記されているように，ソーシャルワーク援助の本質として明確に示されているといえる。

 利用者支援事業の基本型は，すべての子育て家庭を対象に，子どもの育ち（「子育ち」）と子育てをする親（保護者）のレスピット（休息，息抜き）および親としての育ち（「親育ち」）を援助するために，家庭のニーズを適確かつ包括的に把握し，自治体が提供する資源や，必要に応じて民間が提供する資源を，親とともに精査し，選択し，利用できるように繋ぐサービスである。地域子ども・子育て支援事業で自治体が提供するさまざまなサービスが活用され効果を上げるため，利用者（人）のニーズと地域のサービス資源（環境，制度）を包括的に把握し，両者の繋ぎ（交互作用，交渉関連）が円滑かつ有効に行われるための援助が利用者支援事業であり，地域子ども・子育て支援事業が効果を発揮するためには不可欠な要となるサービスであるといえる。まさに人と環境とその間の交互作用（交渉関連）を一体としてとらえ援助する基本型利用者支援事業はソーシャルワー

クであるといえる。さらにいうと，利用者支援の基本型はソーシャルワークのなかでもケースマネジメントと呼ばれる比較的新しい援助方法に相当すると考えられる。

ケースマネジメントが米国の『エンサイクロペディア・オブ・ソーシャルワーク』に初めて取り上げられたのは，1987年に出版された第18版においてである。執筆を担当したのはルビン（Rubin, A., 1987）で，彼が示すケースマネジメントのプロセスはケースワークのそれとほぼ同じである。しかし，アセスメントに基づく援助計画は，把握したニーズと，それに対応するサービス資源を如何にリンクするのかという計画であり，計画の実効は，確実にリンクすることであるとしている。リンク（あるいはその名詞形のリンケージ）は「繋ぐ」ということであるが，利用者が斡旋されたサービスを確実に利用し，そのニーズを充たすことである。そして，繋いだ後の利用状況を継続的にモニターし，ニーズが充たされたかどうか（利用者の満足が得られたかどうか）を評価し，確認することも含まれるとされている。このようにリンケージを中心とするプロセスがルビンの言うケースマネジメントの特徴であるといえる。

当初，米国では，このケースマネジメントという援助方法は，治療者としての役割を重んじるMSW（修士号を取得したソーシャルワーカー）の間ではソーシャルワークの専門的な援助方法としてなかなか受け入れられなかった。しかし，やがてIFSWの旧定義にも示されたソーシャルワークの本質を示す援助方法として受け入れられたといえよう。筆者は，ケースマネジメントはソーシャルワークの本質を示す援助方法であると考えており，「人と環境とのインターフェースにおけるマネジメント（PEIM）」と名付けた。この意味において，近年，子ども家庭福祉領域において注目されている児童養護施設などの児童福祉施設における家庭支援専門相談員（ファミリー・ソーシャルワーカー）や地域において里親を長期的に支援する里親支援専門相談員（里親ソーシャルワーカー）はケースマネジメントを行う専門職であると考える。同様の意味で，基本型の利用者支援事業では，ケースマネジメントがサービスの基本となる。

3．展望——子ども家庭福祉専門職に必要なケースマネジメント力

子ども・子育て支援おいて利用者支援事業が要であるとともに，基本型の利用者支援がまさにソーシャルワークの本質といってもよいケースマネジメントであることをみてきた。本節では，社会全体での子育て支援をさらに推進し，自治体における子ども・子育て支援の今後を展望するときに，

子ども家庭福祉専門職が地域において子育ちと親育ちをより一層支援するためには，そのケースマネジメント力を高めなければならないことを確認したい。

利用者支援の基本型におけるケースマネジメントを担うのは，子ども家庭福祉専門職であると考えられる。地域において子育て支援を推進するために，子育ちを支える親（保護者）に寄り添いながら，そのニーズ（子育ち，子育て，仕事の両立など）を明らかにし，それを充足する資源（自治体が提供するサービスなど）を見出し，確実に利用できるようにリンクする（斡旋し，繋ぐ）力が，子ども家庭福祉専門職に求められることになる。すなわち，1）援助を必要とする利用者への思いやり（コンパッション）をもって寄り添う姿勢を維持しながら，2）親のニーズと地域のサービス資源を包括的に捉え，把握するためにアセスメントを行い，3）他機関や他部署と共同して，ニーズとサービス資源を確実にリンクするための援助計画を立てる。そして4）リンクしたサービス資源を利用者が確実に利用できるよう立案した援助計画を実行に移し，5）利用者が計画通りにサービス資源を利用できているかどうかをモニターし，6）利用者のニーズが充たされたかどうかを評価する，といったケースマネジメント力が子ども家庭福祉専門職には必要となると考えられる。

こうしたケースマネジメント力をもつ子ども家庭福祉専門職人材を育成することが，専門職養成機関や現場に求められることになる。子ども家庭福祉専門職の多くは保育士であることに鑑みると，専門職養成課程においてソーシャルワークに関しての教育が含まれるようになったが，その中でケースマネジメントに関する教育はまだ十分とはいえないと考えられる。専門職養成機関では，先述したケースマネジメント力を養成できるよう知識と技術を教育訓練する必要がある。また，子育て支援の現場においても，OJT（オンザジョブトレーニング）やスーパービジョンの充実を通してケースマネジメント力を高める必要があろう。

ケースマネジメントにおいて活用されるサービス資源について考えると，たとえば自治体で提供される地域子ども・子育て支援事業の一つ一つについて，評価調査結果を踏まえ，子ども・子育て会議などを通して，その質と量が地域の利用者のニーズにより即したものとなるよう改善が行われている。今後さらに質量ともに向上するそうしたサービス資源が十分に活用されるためには，単なる情報提供のみならず，ニーズとサービス資源とをリンクするケースマネジメントの質向上がますます必要となろう。ケースマネジメントに関して十分な教育訓練を受けた子ども家庭福祉専門職がますます必要とされることになるのである。

引用・参考文献

岡村重夫（1983）『社会福祉原論』全国社会福祉協議会.

芝野松次郎（2007）「社会福祉領域における援助」望月昭編『朝倉心理学講座17　対人援助の心理学』朝倉書店，51-81.

Hollis, F. (1972) *Casework: A Psychosocial Therapy (Second Edition)*, New York: Random House.

Rubin, A. (1987) "Case Management," *Encyclopedia of Social Work*, (18th Edition), New York: NASW, pp.212-222.

（芝野松次郎）

索　引（＊は人名）

A-Z
PDCAサイクル　116
Society 5.0　11
World Happines Report　145

ア行
アイデンティティ　121
アウトリーチ　142, 98
アセスメント　74, 99
新しい社会的養育ビジョン　37
アドボカシー活動　27
イクメン　16
一時預かり事業　31, 56
一時保護　33
1.57ショック　24
意図的な感情表出　84
インターベンション　100
インテーク　98, 105
ウェルビーイング　71, 80
エコマップ　74
エバリュエーション　101
＊エリクソン，E.　121
　園だより　142
　園庭開放　147
　エンパワメント　80, 102
＊岡村重夫　72, 76, 161
　岡村理論　76
　親準備性　16

カ行
開発的機能　73
カウンセリングの基本的態度　133
カウンセリングの傾聴技法　136
核家族　13
　──の社会的孤立　15
核家族化　2
家庭の教育力の低下　14
関係調整　71
観察　130
間主観性　6
気持ちの代弁　130
虐待　3
＊キャプラン，G.　118
教育・保育給付　158
教育的かかわり　6

共感的理解　128
クライエントの自己決定　86
クラスだより　143
グループディスカッション　137
グループホーム　35
グループワーク　137
＊ケイ，E.　21
傾聴　106, 130
ケース発見　98
ケースマネジメント　82, 162
ケースマネジメント力　162, 163
合計特殊出生率　12
行動見本　130, 155
幸福度　145
コーチング　110
国際児童年　22
国際ソーシャルワーカー連盟　77
個人懇談　133, 134
個人面談　133
　必要に応じて行う──　133, 135
子育てコンシェルジュ　160
子育て支援総合コーディネート　74
子育て支援のターゲット　6
子育て世代包括支援センター　40, 49
子育て短期支援事業　31, 56
子育てパートナーシップ　69
個としての意識　3
子ども家庭総合支援拠点　31
子ども家庭中心サービス理論　72
子ども・子育て応援プラン　24
子ども・子育て支援新制度　59, 60
子ども・子育て支援法　30, 52, 63
子どもの権利委員会　35
子どもの権利条約　21, 27
子どもの最善の利益　65, 91
子どもの発達保障　94
子どもを守る地域ネットワーク機能強化事業　55
個別化　83
コミュニティ・ハブ　27, 139
コンサルテーション　118
懇談会　137

サ行
＊才村純　70

里親　34, 35
三世代家族　13
三間　16
自己決定　61
支持的機能　100
次世代育成支援対策推進法　24
市町村保健センター　40
実践する専門職　80
児童虐待の防止等に関する法律　49
児童権利宣言　22
児童心理司　32
児童相談所　31, 32, 62
児童相談所強化プラン　34
児童手当法　49
児童の権利に関するジュネーブ
　　（ジェネバ）宣言　21
児童の権利に関する条約
　　→子どもの権利条約
児童の最善の利益　22, 45
児童の代替的養護に関する指針　35
児童福祉司　32, 34
児童福祉施設　35-36
児童福祉施設の設備及び運営に関する法律　36
児童福祉法　30, 44, 63, 111
児童扶養手当　39
児童養護施設　36
＊芝野松次郎　74
社会関係　72, 76
社会的養護　35
就学前の子どもに関する教育，保育等の総合的な提供の推進に関する法律　63, 64
終結　101
集団的責任　80
主体　4
主体としての心　4
受容　85
小規模グループケア　35
少子化　2
少子化社会対策基本法に基づく新たな大綱（子ども・子育てビジョン）　26
＊ショーン，D. A.　10
女性活躍推進法　19

人権　80
信頼関係　61
スーパーバイザー　32
スーパービジョン　118
健やか親子21　39
ストレスマネジメント　105
ストレングス　74, 104
ストレングス視点　99
世代としての意識　3
全国保育士会倫理綱領　94
専門職　10, 90
専門性　90
相互主体性　6
相対的貧困率　3
送致的機能　73
ソーシャル・インクルージョン　93
ソーシャル・サポート・ネットワーク　71
ソーシャルワーカーの倫理綱領　91
ソーシャルワーク　77
ソーシャルワークのグローバル定義　78

タ行
体験保育　147
代弁機能　100
＊高橋重宏　71
立入調査　32
多様性の尊重　80
地域子育て支援拠点事業　31, 54
地域社会　8
地域に開かれた子育て支援　60, 61, 63
仲介機能　100
調整機能　100
調整的機能　73
＊デューイ，J.　10
転移・逆転移　109
統制された情緒的関与　84
特別児童扶養手当等の支給に関する法律　47
ドメスティック・バイオレンス　38, 39
ともに育ちあう主体　69
ドロップイン　17, 139

ナ行
二重構造　73
乳幼児健康診査　40
乳児家庭全戸訪問　31, 55
人間の尊厳　92
認定こども園法　30
妊婦健康診査　40, 55

ハ行
配偶者からの暴力の防止等及び被害者の保護等に関する法律（DV防止法）　39, 50
＊バイスティック，P. F.　83
バイスティックの7原則　83, 112
＊パーソンズ，T.　11
反省的実践家　10
非審判的態度　86
ひとり親家庭　37
秘密保持　87
評価的機能　73
貧困　3
ファシリテーター　138
ファミリー・サポート・センター事業　56
ファミリー・フレンドリー　19
ファミリーホーム　35
プランニング　100
＊ペコラ，P. J.　72
ベビーブーム　12
保育教諭　64, 65
保育コンシェルジュ　159
保育参観　149
保育士の専門性　111
保育所保育指針　59-64
保育相談支援　111
保育相談支援技術　130
放課後児童クラブ　57
保護的機能　73
母子・父子自立支援員　38
母子及び父子並びに寡婦福祉法　38, 48
母子健康手帳　40
母子生活支援施設　38, 152
母子父子寡婦福祉資金　39
母子保健法　40, 48

＊ホリス，F.　161

マ行
マッピング技法　99
マネジメント　72
モニタリング　101
森のようちえん　145

ヤ行
8つの行動原理　94
＊山縣文治　73
養育支援訪問事業　55
養護的かかわり　5
幼稚園教育要領　64-65
要保護児童　34
要保護児童施策　34
要保護児童対策地域協議会　42, 62
幼保連携型認定こども園　63-65
幼保連携型認定こども園教育・保育要領　64-65
読み取り　130

ラ行
ライフサイクル　120
リーチアウト　71, 74
利用者支援事業　82, 159
臨検　32
倫理　90
倫理基準　92
倫理綱領　91, 92
倫理的ジレンマ　93
＊ルソー，J. J.　21
＊ルビン，A.　162
連絡ノート　140
＊ロジャーズ，C. R.　113, 133
ロングデイケア　151

ワ行
ワーカビリティ　104
ワークライフバランス　19
私は私　4
＊和辻哲郎　76
ワンオペ育児　15

執筆者紹介 （執筆順，執筆担当，＊は編著者，編著者紹介参照）

　大倉　得史（おおくら・とくし，京都大学　教授）　第1章
　山本　智也（やまもと・ともや，大阪成蹊大学　教授）　第2章
　関谷みのぶ（せきや・みのぶ，名古屋経済大学　准教授）　第3章
＊才村　　純（さいむら・じゅん，東京通信大学　教授）　第4章
　本田　和隆（ほんだ・かずたか，大阪千代田短期大学　准教授）　第5章
　室谷　雅美（むろや・まさみ，豊岡短期大学　准教授）　第6章
＊宮野　安治（みやの・やすはる，関西福祉科学大学　教授）　第7章
＊新川　泰弘（にいかわ・やすひろ，関西福祉科学大学　准教授）　第8章
　安田　誠人（やすだ・よしと，大谷大学　教授）　第9章
　小山　　顕（おやま・けん，聖和短期大学　専任講師）　第10章
　渡邊　慶一（わたなべ・けいいち，京都文教短期大学　教授）　第11章
　山本由紀子（やまもと・ゆきこ，太成学院大学　専任講師）　第12章
　吉弘　淳一（よしひろ・じゅんいち，福井県立大学　准教授）　第13章
　藤井　裕子（ふじい・ひろこ，神戸教育短期大学　特任教授）　第14章
　寺田　恭子（てらだ・きょうこ，プール学院短期大学　教授）　第15章
　磯部　美良（いそべ・みよし，武庫川女子大学短期大学部　准教授）　第16章
　高橋千香子（たかはし・ちかこ，奈良学園大学　専任講師）　第17章
　川口めぐみ（かわぐち・めぐみ，高松大学　専任講師）　第18章
　久保木亮子（くぼき・りょうこ，神戸親和女子大学　教授）　第19章
　西井　典子（にしい・のりこ，大阪樟蔭女子大学　専任講師）　第20章
＊芝野松次郎（しばの・まつじろう，関西学院大学名誉教授）　第21章

コラム（執筆順，執筆担当）
　宮野　安治（みやの・やすはる，関西福祉科学大学　教授）　コラム1・4
　塚本　利幸（つかもと・としゆき，福井県立大学　教授）　コラム2
　大谷由紀子（おおたに・ゆきこ，摂南大学　教授）　コラム3・8
　榎本　祐子（えもと・ゆうこ，びわこ学院大学　専任講師）　コラム5
　飯島　仁美（いいじま・ひとみ，大阪千代田短期大学　非常勤講師）　コラム6
　別所　　崇（べっしょ・たかし，奈良佐保短期大学　専任講師）　コラム7
　山本　展明（やまもと・のぶあき，南海福祉専門学校　非常勤講師）　コラム9
　栗山　直子（くりやま・なおこ，追手門学院大学　准教授）　コラム10

編著者紹介

才村　純（さいむら・じゅん）
 1972年　大阪市立大学文学部人間関係学科心理学専攻卒業
 博士（社会福祉学）（東洋大学）
 現　在　東京通信大学 教授
 主な著書
 『子ども虐待ソーシャルワーク論──制度と実践への考察』単著，有斐閣，2005年
 『図表でわかる子ども虐待──保育・教育・養育の現場で活かすために』単著，明石書店，2008年
 『児童や家庭に対する支援と児童・家庭福祉制度（MINERVA社会福祉士養成テキストブック）』共編著，ミネルヴァ書房，2015年

芝野松次郎（しばの・まつじろう）
 1983年　シカゴ大学社会事業行政大学院博士課程卒業
 博士（社会福祉学）（シカゴ大学）
 現　在　関西学院大学 名誉教授
 主な著書
 『社会福祉実践モデル開発の理論と実際──プロセティックアプローチに基づく実践モデルのデザイン・アンド・デベロップメント』単著，有斐閣，2002年
 『ソーシャルワークとしての子育て支援コーディネート──子育てコンシェルジュのための実践モデル開発』共著，関西学院大学出版会，2013年
 『ソーシャルワーク実践モデルのD&D──プラグマティックEBPのためのM−D&D』単著，有斐閣，2015年

新川泰弘（にいかわ・やすひろ）
 2008年　関西学院大学大学院社会学研究科博士課程単位取得満期退学
 博士（人間福祉）（関西学院大学）
 現　在　関西福祉科学大学 准教授
 主な著書
 『地域子育て支援拠点におけるファミリーソーシャルワークの学びと省察』単著，相川書房，2016年
 『ソーシャルワーク研究におけるデザイン・アンド・デベロップメントの軌跡』分担執筆，関西学院大学出版会，2018年
 『子ども家庭福祉の新展開　第二版』分担執筆，同文書院，2019年

宮野安治（みやの・やすはる）
 1975年　京都大学大学院教育学研究科博士課程単位取得後退学
 博士（教育学）（京都大学），大阪教育大学 名誉教授
 現　在　関西福祉科学大学 教授
 主な著書
 『教育関係論の研究』単著，溪水社，1996年
 『リットの人間学と教育学』単著，溪水社，2006年
 『政治教育と民主主義──リット政治教育思想の研究』単著，知泉書館，2014年

子ども家庭福祉専門職のための
子育て支援入門

| 2019年5月15日 | 初版第1刷発行 | 〈検印廃止〉 |
| 2020年3月20日 | 初版第2刷発行 | |

定価はカバーに
表示しています

		才村 純
		芝野松郎
編著者		新川泰弘
		宮野安治

発行者　　　杉　田　啓　三
印刷者　　　中　村　勝　弘

発行所　株式会社　ミネルヴァ書房
607-8494 京都市山科区日ノ岡堤谷町1
電話(075)581-5191／振替01020-0-8076

© 才村, 芝野, 新川, 宮野ほか, 2019　中村印刷・清水製本

ISBN 978-4-623-08212-4

Printed in Japan

児童や家庭に対する支援と子ども家庭福祉制度［第3版］

才村 純・芝野松次郎・松原康雄 編著　B5判　280頁　本体2600円

今日の子どもと家庭が抱える様々な問題を整理して説明する。また，児童・家庭福祉に関する法律・制度を体系的に学び，ソーシャルワークの視点から，子どもや家庭への支援の理念と手法を説明する。

保育ソーシャルワーク

倉石哲也・鶴 宏史 編著　B5判　208頁　本体2200円

「保育ソーシャルワーク」について学ぶテキスト。「なぜ保育士に社会福祉の視点が求められるのか」「保育士が保護者や家庭を支援するにあたってどのような態度が求められるのか」について，豊富な事例，図表を通してわかりやすく学ぶことができる。相談援助の技法についても具体的に学ぶことができ，保育士養成課程の新科目「子育て支援」や現任者研修のテキストとしても使用可能。最新の「保育所保育指針」に対応。

新版　よくわかる子ども家庭福祉

吉田幸恵・山縣文治編著　B5判　196頁　本体2400円

2002年に初版が刊行されてから，16年が経過した。その間に，貧困や虐待に関する問題など，子どもを取り巻く状況は大きく変わり，それに伴う法や制度，政策も大幅に変化してきた。本書は，2016年の児童福祉法改正も踏まえ，最新の子ども家庭福祉に関わる課題，法制度に沿って目次や執筆者を再構成し，より新しく，詳しく，わかりやすくした全面改訂版。重要トピックを見開きで解説しており，子ども家庭福祉の要点を網羅的に理解できる。

子どもの心を育てる新保育論のために──「保育する」営みをエピソードに綴る

鯨岡 峻 著　A5判　298頁　本体2200円

子どもの心の動きを真に問題にした「新しい保育論」を提言。「いつ，何を子どもたちにさせるか」という従来のカリキュラム的発想ではなく，子どもの心の動きに沿って保育者が対応するところを取り上げようとする立場から，子どもと保育者の関係性を軸にした「新しい保育論」の必要性を説きます。エピソードに描き出されるものこそ「保育する」営みそのものであるという考えのもと，本書では珠玉の34本のエピソード記述を紹介。保育者によるエピソードと著者による解説を読み解くなかで，"新たな保育のかたち"が見えてきます。

――― ミネルヴァ書房 ―――